HOMEOPATHIE
PRATIQUE POUR TOUS

Docteur Georges De Mola

HOMEOPATHIE
PRATIQUE
POUR TOUS

DE VECCHI POCHE
20, rue de la Trémoille
75008 PARIS

Traduction de Ivana Cossalter

© 1988 Editions De Vecchi S.A. - Paris
Imprimé en Italie

INTRODUCTION

Proposer une nouvelle méthode thérapeutique comme alternative à la médecine officielle provoque dans le public une réaction instinctive de scepticisme, de perplexité et de curiosité. Depuis des années, en tant que médecin traditionnel "converti" aussi à des systèmes de traitement non alignés sur la médecine officielle, je mène mon propre combat contre des positions difficiles à ébranler dues à une attitude de négation plus ou moins totale, ou à un refus de comprendre.

Depuis l'enfance, nous avons été habitués à voir le docteur et la médecine sous cet aspect: une personne nous pose quelques questions sur les symptômes du malaise qui nous afflige, scrute, palpe, ausculte puis exprime une opinion (le diagnostic) sur notre état de santé. Ensuite, cette personne remplit une ordonnance (la thérapie) en indiquant les médicaments que nous devons prendre.

Ces médicaments sont généralement composés de différents produits chimiques, reconnaissables à leur goût, leur couleur et leur conditionnement; une notice en explique l'emploi ("sauf indication contraire du médecin") et donne quelques avertissements de caractère général ou particulier sur la toxicité plus ou moins grave du produit (pour doses non appropriées, en cas de grossesse, ou pour les enfants en bas âge).

La plupart d'entre nous avons, en tant que personnes malades, inévitablement vécu ce rapport avec le médecin, les médicaments, les troubles propres à la maladie et ceux qui s'y ajoutent à cause de l'usage plus ou moins prolongé du ou des médicaments trop souvent toxiques pour un organisme éprouvé.

A partir de ces quelques constatations, on est déjà tenté de trouver de bonnes raisons de choisir des méthodes de traitement parallèles pour reconnaître sa propre maladie et la "personnaliser", par exemple, ou bien pour se libérer de l'esclavage des produits médicamenteux qui, tôt ou tard, finissent par être nocifs pour l'organisme. Si l'on ajoute à tout cela la promesse, que presque toutes les médecines dites parallèles respectent, d'utiliser des systèmes de traitement "naturels", c'est-à-dire en harmonie avec le milieu dans lequel l'homme vit, on comprend encore plus aisément l'intérêt et le succès toujours croissants rencontrés sur le marché de la santé par les pratiques non traditionnelles.

Aujourd'hui plus que jamais, l'homme a besoin de se sentir en harmonie avec l'univers qui l'entoure. Son intuition est que son état de santé représente un moment de syntonie totale avec la nature et, qu'au contraire, la maladie représente un déséquilibre d'énergies.

Comment expliquerait-on autrement les diverses manifestations saisonnières, allergiques ou non (grippes, pollinoses, asthme, etc.), les troubles périodiques comme les ulcères, les céphalées, les coliques, les palpitations, ou ceux liés aux diverses conditions atmosphériques (temps chaud, sec, humide, etc.)? Et pourquoi tous les individus ne sont-ils pas frappés par les mêmes troubles dans les mêmes circonstances?

Il semble qu'actuellement, la médecine officielle ne dispose plus de temps pour prendre en considération les dynamiques du milieu, naturelles, atmosphériques, ou climatiques qui peuvent conditionner la santé, et bien qu'elle en reconnaisse l'existence, elle ne les traite pas comme des événements à respecter (vu leur inéluctabilité), mais elle les combat par des instruments qui, au lieu d'harmoniser les diverses énergies en jeu, les placent dans un tel état de contraste que, fatalement, certaines succombent. L'organisme gagne souvent la partie, mais à quel prix! Et après quels traumatismes! Il suffit de penser à la quantité et à la qualité des substances que l'organisme malade est obligé de recevoir, de transformer et d'éliminer tant que la maladie n'est pas anéantie, sans compter toutes les techniques auxquelles le médecin traditionnel doit souvent avoir recours (irradiations, ultrasons, interventions chirurgicales, etc.).

Il semblerait presque que l'on ait oublié le véritable but de la médecine qui consiste à conserver un bon état de santé en prévoyant et prévenant le développement des maladies. Pratiquement, aujourd'hui, on a coutume d'établir entre la médecine et la manifestation de la maladie un rapport d'attente, et donc antithétique: j'attends que la maladie se manifeste pour la combattre avec toutes les ressources dont je peux disposer.

Et c'est ainsi que se développe la médecine ''anti'' maladie, médecine bien connue qui soigne l'individu au moyen de substances qui, d'une manière ou d'une autre, combattent le trouble même (antinévralgique, anti-grippe, anti-nausée, anti-angoisse, etc.) sans tenir compte de sa véritable origine, ce qui permettra à la maladide de se manifester à nouveau, plus tard, et avec des caractéristiques toujours plus graves et complexes. Et c'est ainsi aussi que naît une certaine méfiance envers la médecine officielle à laquelle on ne peut cependant nier les très grands avantages fournis par la recherche scientifique, les progrès des technologies et l'approfondissement du diagnostic; une médecine qui dépasse trop souvent, sans parfois même le voir, l'objectif qui est le sien. Peu importe que cela arrive peut être justement par excès de zèle.

Chacun de nous, je pense, a vécu l'expérience (ne serait-ce qu'à travers des personnes plus ou moins proches) de cet absurde cycle, passant par d'innombrables analyses, tests, thérapies coûteuses et hospitalisations répétées. Les hôpitaux sont pleins de ces patients dont l'unique grave maladie est celle d'être entrés dans le dangereux cercle vicieux des analyses, diagnostics, traitements mal adaptés, nouvelles analyses, etc. Les hôpitaux sont aussi bondés de patients atteints de maladies dérivées de l'usage de médicaments, c'est-à-dire provoquées par le médecin même, ou par un usage inapproprié des médicaments. Ce sont des maladies mystérieuses, longues et difficiles à traiter. Un exemple de maladie dérivée de l'usage de médicaments est la gastrite ou l'ulcère, provoqués par l'usage de produits anti-inflammatoires. Devons-nous donc répudier cette médecine qui ne nous guérit pas ou qui, pire, engendre d'autres troubles? Absolument pas. Chaque système de traitement a ses limites et ses imperfections. Aussi ne faut-il jamais avoir pleine confiance en celui qui prône sa méthode comme la seule méthode valable et sûre, et qui affirme que tout le reste ne vaut rien. Il faut cependant savoir (c'est un droit) que la santé peut être conservée grâce à des indications différentes de celles que nous sommes habitués à suivre et que la maladie peut être contrôlée et guérie par des thérapies que la médecine officielle ne met pas à notre disposition. D'ailleurs, comment le pauvre patient pourrait-il s'orienter dans le canevas toujours plus embrouillé des médecines parallèles proposées pour la conquête de son propre bien-être? Tel est justement le but de ce volume: présenter et enseigner l'utilisation de l'une de ces méthodes, l'*Homéopathie*. Le motif de ce choix, qui j'espère paraîtra évident au fil de l'ouvrage, réside dans les excellentes réponses que les principes homéopathiques fournissent aux exigences de traitement, de soins préventifs, de guérison non traumatisante et d'absence de toute toxicité. Au lecteur, je demande d'abandonner pour un moment ses préjugés, d'ailleurs justifiés, et son scepticisme, pour juger, à travers la parole d'un médecin "officiel", de la validité et de l'actualité de la médecine homéopathique.

L'HOMEOPATHIE

Qu'est-ce-que l'homéopathie? En premier lieu, il faut dire que l'homéopathie appartient à l'ensemble de ces thérapies communément dites "naturelles", c'est-à-dire en harmonie avec les lois et les énergies qui depuis toujours règlent et gouvernent le milieu dans lequel nous vivons. La loi fondamentale de l'homéopathie est le "principe de similitude", principe découvert et énoncé par l'un des premiers médecins de l'histoire: Hippocrate. Le "principe de similitude" pose que toute substance qui, dans la nature, est cause d'un trouble peut guérir le trouble dont elle a été la cause; plus simplement: "le mal se soigne par le mal". D'ailleurs, littéralement, le terme *Homéopathie* signifie "semblable à la maladie" (du grec *homoios* semblable et *pathos* maladie).

Certains vont peut-être penser au vieux proverbe "un clou chasse l'autre", ou bien à l'action du vaccin (dans ce cas aussi, on provoque une réaction de l'organisme avec des substances qui peuvent causer une véritable maladie). Mais bien que ces exemples puissent aider à la compréhension de la méthode homéopathique, l'homéopathie agit d'une manière tout à fait différente. Nous allons voir comment. Avant tout, il faut dire que les substances utilisées pour l'application du principe de similitude sont présentes dans les trois grands règnes de la nature: animal, végétal et minéral. N'importe qui a, en théorie, à sa disposition les substances nécessaires à la préparation d'un remède homéopathique. Mais en réalité, les choses ne sont pas si simples car la méthode requiert une comparaison scrupuleuse entre les symptômes et les remèdes pour pouvoir arriver au choix de la substance la plus "semblable" au trouble à guérir. C'est là la tâche du médecin homéopathe, tandis que pour votre part, vous pouvez vous contenter d'assimiler quelques principes élémentaires pour appliquer vous-même cette méthode.

Nous avons dit que l'histoire de l'homéopathie a commencé avec la découverte et l'énonciation du principe de similitude. Ce fut la géniale intuition d'un médecin allemand qui vécut au XVIIIe siècle qui redonna sa valeur au principe formulé par Hippocrate. Samuel Hahnemann, père de l'homéopathie, né à Meissen en 1755, était un médecin extrêmement scrupuleux et attentif, qui jouissait d'une grande popularité lorsque, profondément déçu et insatisfait par la façon dont il était obligé de soigner ses patients, il abandonna la profession et se retira pour se consacrer à la méditation et à l'étude. Il faut ici brièvement remarquer que plusieurs médecins convertis aux méthodes thérapeutiques non traditionnelles ont souvent eu de semblables doutes.

C'était l'époque des cataplasmes, des purges, des saignées, des vomitifs et autres systèmes tout aussi violents et traumatisants qui devaient très certainement éveiller quelques scrupules chez les médecins les plus rigoureux.

Lors de la relecture de textes anciens, l'attention d'Hahnemann se porta sur un traité de W. Cullen, la *Matière Médicale* et il se mit à le traduire. Le passage qui souleva le plus sa curiosité traitait des effets du quinquina sur les cultivateurs de cette plante. Selon Cullen, les cultivateurs du quinquina (bien connu pour ses propriétés anti-paludéennes) étaient souvent frappés de fièvres semblables à celles provoquées par la malaria. "Donc — pensa Hahnemann — le quinquina qui guérit la fièvre paludéenne provoque chez les sujets sains les apparences de la fièvre paludéenne!" Le lecteur aura déjà compris l'analogie avec ce que nous avons dit à propos du principe homéopathique de similitude. Mais un médecin de son talent ne pouvait certes se limiter à une simple intuition, aussi Hahnemann voulut-il procéder à une expérience sur lui-même pour contrôler les affirmations de Cullen.

En pratique, il expérimenta sur sa personne les effets du quinquina en en absorbant treize grammes par jour pendant une longue période et, ponctuellement, ce qui avait été prévu se produisit: "... les symptômes étaient au paroxisme deux ou trois heures après l'absorption du remède, puis ils diminuaient pour réapparaître de nouveau lorsque je répétais la dose...". La première expérimentation clinique de l'analogie homéopathique est résumée dans ces mots. L'intuition thérapeutique se révélait parfaitement correcte: "le mal se soigne par le mal".

Des expériences comme celle du quinquina furent ensuite réalisées par Hahnemann avec d'autres substances. Les élèves et disciples des doctrines d'Hahnemann en réalisèrent encore d'autres qui aboutirent à la description de la symptomatologie de centaines et centaines de remèdes.

L'homéopathie est médecine

Qu'est-ce-que la médecine? On appelle "médecine" tout ce qui sert à soigner, à guérir.

L'homéopathie en tant que système en mesure de soigner est donc une médecine.

Cela doit être souligné car, trop souvent, on pense que la seule véritable médecine est celle qui soigne les maladies au moyen des substances chimiques appelées médicaments ou d'autres méthodes bien connues de tous: interventions chirurgicales, irradiantes, etc. Nous avons déjà dit que presque toutes les substances naturelles peuvent devenir "médicamenteuses" sans pour autant avoir à être pharmacologiquement traitées. Aussi l'homéopathie qui se sert de ces substances pour guérir les maladies est-elle une "médecine".

Mais quels sont exactement les instruments dont le médecin homéopathe se sert pour guérir ses patients?

La médecine homéopathique est avant tout la médecine du bon sens. Parler de bon sens n'est pas un lieu commun; cela signifie, au contraire, récupérer un principe élémentaire qui devrait animer toute forme de thérapie mais qui est trop souvent oublié. Le bon sens est un instrument actuel dans les mains du médecin homéopathe qui tâchera de l'éveiller dans chacun de ses patients pour commencer au mieux le traitement le plus approprié à son cas. Le médecin homéopathe utilisera aussi tous les moyens de diagnostic modernes s'il le juge opportun (analyses de laboratoire et tests divers). En outre, il procédera à un méticuleux interrogatoire du malade et à un examen approfondi. Le dernier instrument à sa disposition, et aussi le plus important, est le produit de la pharmacopée homéopathique, le médicament, qui est appelé "remède". Comme on peut le voir, la médecine homéopathique emploie les échelons classiques de la clinique moderne: analyse du cas, diagnostic et thérapie, mais elle le fait d'une manière tout à fait différente.

Pendant longtemps, et certains le font encore aujourd'hui, la médecine homéopathique a été critiquée pour son empirisme et son manque de caractère scientifique, comme s'il s'agissait d'un monopole réservé à quelques initiés, ou d'une pratique proche de la sorcellerie. Ces affirmations, désormais réfutées par les résultats de très nombreuses expériences cliniques, ne font plus partie que d'une vieille culture animée d'un esprit critique à l'efficacité constructive très douteuse. Il est en effet absurde et inconcevable que certains se refusent encore à considérer l'homéopathie comme une pratique médicale, alors qu'ils ne l'ont jamais essayée personnellement, et ne possèdent même pas un approfondissement théorique sur la matière médicale.

En plus des récentes expériences de laboratoire et des observations que nous venons de rapporter, la médecine homéopathique en tant que méthode de thérapie est confirmée par les millions de cas soignés, et guéris, en plus de deux cents ans de pratique clinique au moyen des remèdes homéopathiques restés inchangés depuis l'époque de Hahnemann.

Le "remède" homéopathique

Les "remèdes" sont les produits que l'homéopathie utilise pour soigner les maladies. Il a déjà été dit que ces produits se trouvent dans la nature, c'est-à-dire dans les règnes animal, végétal et minéral, mais ils doivent, évidemment, subir un traitement déterminé avant de devenir "remèdes". Ce traitement est dit de "dilution et dynamisation". Voyons brièvement de quoi il s'agit. Beaucoup de personnes, bien que ne connaissant rien à la médecine homéopathique, auront utilisé, ou entendu, le terme "homéopathique" comme synonyme de quelque chose de très petit ou d'inconsistant.

Ce qui, en fait, a toujours rendu le public curieux et les chercheurs orthodoxes sceptiques est l'usage, en homéopathie, de doses de substances tellement réduites qu'elles ne sont plus décelables par les moyens dont disposent les laboratoires les plus modernes. Cela a poussé les pharmacologues à exprimer des jugements très négatifs quant à l'efficacité des produits homéopathiques.

La médecine officielle, en effet, utilise des médicaments dans lesquels les doses des divers éléments chimiques sont extractibles et pondérables. Comment une substance peut-elle agir sur l'organisme si sa présence ne peut même pas être démontrée dans le produit qui est censé la contenir? Pour apporter une réponse scientifique à cette question, il faudra probablement attendre encore plusieurs années. Mais suivons pour le moment le chemin parcouru par Hahnemann pour arriver à l'usage des doses infinitésimales. Durant ses expériences, le père de l'homéopathie fut amené à réduire petit à petit les doses des substances qu'il utilisait, car après un début bénéfique, ces mêmes doses se révélèrent toxiques dans les prises suivantes. Voilà donc les dilutions toujours plus infimes, pour lesquelles, à un certain point (et face à la difficulté de dissoudre certaines substances), il se trouva obligé de secouer longuement les préparations. Ces dilutions et "secouements" (dynamisation) firent disparaître, ou atténuèrent, certaines propriétés des substances, mais en développèrent d'autres, jusque-là restées cachées. Des substances considérées comme inertes devinrent ainsi actives. Dans les expériences et les tests cliniques qui suivirent, Hahnemann démontra que c'était justement les remèdes les plus dilués et les plus dynamisés qui donnaient l'effet le plus profond et le plus durable.

En homéopathie, une substance acquiert donc d'autant plus d'efficacité qu'elle est diluée et secouée énergiquement dans le solvant qui la contient (dynamisée).

Citons quelques exemples: il existe dans la nature une fleur jaune plutôt commune: la Pulsatille, semblable à la renoncule. L'essence de cette plante (que nous appelons "teinture mère") provoque divers malaises lorsqu'elle est absorbée pendant un certain temps à des doses pondérables. Par exemple, elle peut causer des difficultés de digestion (surtout pour les aliments gras), des troubles circulatoires plus évidents et marqués aux membres (mains et pieds froids et violacés, peau pâle), émotivité et larmes faciles, migraines pulsatives, surtout chez les personnes de sexe féminin, blondes et aux yeux bleus, à la constitution faible et avec laxités ligamenteuses. Selon le principe de similitude, cette substance traitée homéopathiquement (c'est-à-dire diluée et dynamisée) pourra être utilisée pour guérir les personnes présentant les symptômes caractéristiques que nous venons de décrire. Après un exemple de remède homéopathique d'origine végétale, voyons-en maintenant deux autres: l'un d'origine minérale et l'autre d'origine animale. Le sel de cuisine absorbé en quantité exagérée provoque des troubles faciles à percevoir: soif intense, lèvres et muqueuses sèches et gercées, faiblesse et perte de poids, manque de concentration, etc. Un précieux remède homéopathique, le *Natrum Muriaticum*, fera des miracles surtout chez les adolescents paresseux, ayant une faible capacité de concentration et quelques troubles de croissance; un remède que l'on trouve à son état naturel dans chaque maison... Vous comprendrez aussi beaucoup plus facilement maintenant comment le venin d'abeille peut être utilisé en homéopathie (il vous suffira en effet de penser aux symptômes les plus connus et les plus communs provoqués par la piqûre de cet insecte). *Apis* est le nom du remède homéopathique (dérivé de la dilution et de la dynamisation du venin d'abeille), très utile notamment pour atténuer les conséquences des piqûres d'insectes mais aussi dans les manifestations inflammatoires comme les rhumatismes avec gonflements, les rougissements dans les premières phases des infections, etc.

Mais alors, vous demanderez-vous, combien de remèdes homéopathiques peut-on obtenir à partir des substances naturelles? Il est plutôt difficile de répondre à cette question, car, en théorie, n'importe quelle substance correctement expérimentée et traitée pourrait devenir un remède contre les symptômes qu'elle provoque. En réalité, il a été calculé que les substances déjà expérimentées sur un individu sain et disponibles comme remèdes homéopathiques sont environ de deux mille. Un médecin homéopathe ayant une certaine expérience sait en utiliser quelques centaines; une pharmacie familiale, comme nous le verrons, devra en compter quelques dizaines.

Les remèdes homéopathiques sont aujourd'hui préparés dans des laboratoires hautement spécialisés, et l'on ne trouve plus que très rarement des médecins homéopathes qui préparent eux-mêmes les remèdes pour leurs patients.

Une pharmacie bien fournie et ayant une bonne expérience est en mesure, lorsque cela est nécessaire, de préparer les remèdes indispensables à n'importe quel type de dilution.

Voyons maintenant un peu mieux ce que l'on entend par expérimentation homéopathique du remède, et sa préparation, pour que chacun puisse connaître avec exactitude ce que le médecin lui prescrira. L'expérimentation homéopathique a été effectuée avec des substances considérées à des doses toxiques et non toxiques, sur des individus sains et volontaires, ou sur des personnes qui, volontairement ou non, ont été préalablement empoisonnées par ces mêmes substances. Socrate, lui aussi, en décrivant minutieusement les effets provoqués par la ciguë (en homéopathie *Conium maculatum*) sur son organisme, fut un ... expérimentateur homéopathique. Une fois que la substance considérée a été expérimentée, on en décrit les effets (les symptômes) sur le physique et l'esprit, puis on la classe par ordre alphabétique dans un répertoire appelé *Matières Médicales*, très utile pour la recherche des remèdes convenant le mieux à un patient déterminé. De la substance, on extrait la "teinture mère" (T.M.) avec laquelle, par un procédé simple, on prépare les diverses dilutions.

Supposons, par exemple, que l'on veuille préparer une première dilution décimale (1ère D): en partant de la T.M, on prendra une goutte de cette dernière et on la mélangera à dix gouttes d'un solvant inerte (c'est-à-dire qui ne réagit pas en formant d'autres composés). Comme solvant, on utilise de l'eau distillée ou de l'alcool pur. Une 5e dilution décimale se prépare en effectuant cinq passages: de la 1ère D, on prélève une goutte et on la mélange à dix autres gouttes du solvant (2e D), de la 2e D, on prélève une autre goutte et on la mélange à dix autres gouttes de solvant (3e D), et ainsi de suite jusqu'à la 5e D. A chaque passage, la dilution doit être énergiquement secouée afin de "dynamiser" le remède. On procède de la même manière pour la préparation des dilutions "centésimales", pour lesquelles chaque passage correspond à une goutte de substance pour cent gouttes de solvant. En médecine homéopathique, une substance peut être diluée jusqu'à un million de fois! Il est évident qu'à ce point, il est impossible de démontrer que le remède contient encore la substance active. Cependant, se soigner homéopathiquement n'est pas le mystère d'une foi aveugle, mais bien une réalité qui continue de satisfaire des patients depuis maintenant plus de deux cents ans: l'efficacité et l'actualité croissante de la méthode sont là pour le démontrer.

Le traitement homéopathique

"La plus belle et en même temps l'unique vocation du médecin est de redonner la santé aux personnes malades, c'est-à-dire guérir." Ce sont là les mots par lesquels Samuel Hahnemann introduit son œuvre *Organon de la Médecine*, véritable bible pour tout médecin homéopathe. Nous les avons rapportés ici pour introduire un concept de base de la médecine homéopathique: l'objectif qui anime la médecine homéopathique n'est pas seulement de "soigner" (c'est-à-dire de "prendre soin" du patient et de ses symptômes), mais surtout de "guérir", c'est-à-dire, comme l'affirme Hahnemann, de "redonner la santé". Celui qui voudra s'approcher en tant que patient de la médecine homéopathique devra bien en tenir compte.

En effet, l'objectif de toute médecine devrait être celui indiqué par Hahnemann, mais, malheureusement, il est souvent délaissé par la médecine que nous connaissons tous, qui soigne plus volontiers qu'elle ne guérit.

La médecine "officielle" est très riche en médicaments "contre" les maladies (nous l'avons déjà vu) et ce n'est pas par hasard que le patient lui-même est habitué à demander quelque chose "contre" sa migraine, "contre" son insomnie, ou "contre" sa digestion difficile, oubliant la cause possible de ses troubles. La médecine officielle ne fait qu'accéder à cette demande en fournissant la prescription du médicament symptomatique (c'est-à-dire qui combat le symptôme). Mais la disparition du symptôme n'est pas synonyme de guérison.

Prenons un exemple: une céphalée apparaît et, graduellement, en quelques mois, elle s'aggrave. Celui qui en souffre se rend chez son médecin et lui demande une prescription contre le mal de tête. Une fois le patient examiné, le médecin diagnostique une dyspepsie (mauvaise digestion) avec des troubles causés par un léger mauvais fonctionnement hépatique. Prescription: un antinévralgique ou analgésique contre la céphalée, un composé enzymatique pour favoriser la digestion, un hépatoprotecteur pour le foie. Avant de se retirer, le patient laisse brièvement entendre qu'il a aussi quelques problèmes liés à la vie stressante qu'il mène: insomnie, nervosité, irritabilité. Le médecin ajoute alors à sa prescription un tranquillisant.

Certains lecteurs penseront qu'il s'agit là d'un cas déjà heureux: au moins le médecin s'est-il préoccupé d'ausculter le patient et ne s'est-il pas simplement limité à lui prescrire quelque chose "contre" sa céphalée.

Mais continuons à suivre notre malade: satisfait du diagnostic, le patient prend la série de médicaments qui lui a été indiquée: la céphalée disparaît, la digestion s'améliore et l'insomnie s'atténue. Il se croit guéri. Quelques semaines passent et le patient commence à réduire les doses de médicaments, mais voilà que quelques troubles digestifs et le mal de tête réapparaissent, d'une manière plus sournoise. La dose d'antinévralgique doit être augmentée, et peu après, celle des autres médicaments aussi: notre homme ne peut plus s'en passer!

Les troubles augmentent. Son estomac, déjà éprouvé, est en plus contraint à assimiler et à digérer des médicaments; et de même pour le foie qui, déjà souffrant, est soumis à un effort supérieur. Le patient retourne alors chez le médecin qui lui prescrit des médicaments toujours plus nombreux et à doses toujours plus élevées, en changeant de produits et de spécialités.

Finalement, vu l'échec croissant de ses thérapies, il le classe comme un psychopathe et, en attendant l'examen et l'opinion de son collègue spécialiste en maladies nerveuses, il lui prescrit des tranquillisants! Voilà un cas malheureux de "traitement" parfait, mais de guérison manquée. Fatiguée, démoralisée et découragée, la personne en cause s'adresse à d'autres médecins et à d'autres systèmes de traitement et, dans ses pérégrinations, finit souvent par arriver à la médecine homéopathique et par lui demander alors l'impossible, puisque sa santé et son moral sont déjà gravement compromis.

Fort heureusement, les choses ne se déroulent pas toujours ainsi et des méthodes de traitement plus "naturelles" sont aussi choisies pour guérir les maladies. Voyons comment le même patient aurait été examiné dans le cadre d'un traitement homéopathique. Avant tout, le médecin aurait attentivement analysé la personne dans son ensemble, et non ses symptômes. Après l'exposé spontané du patient, le médecin homéopathe aurait "enquêté" sur ses habitudes de vie, de travail, sur ses rapports, ses sensations dues aux modifications d'habitudes lors des changements de saisons et suivant les diverses conditions atmosphériques, et même sur des troubles les plus éloignés et oubliés, ses peurs et ses préoccupations. Il serait ensuite passé à l'analyse minutieuse des symptômes, sans négliger, ni encore moins ridiculiser, les circonstances les plus étranges ou les modalités d'apparition des symptômes mêmes. Il aurait ensuite pris en considération d'éventuelles analyses de laboratoire, très utiles et souvent même indispensables pour exclure d'éventuelles affections susceptibles de nécessiter des interventions urgentes ou spécialisées d'un autre genre (toute méthode thérapeutique a ses limites!). Enfin, le médecin homéopathe aurait procédé à l'examen du malade pour obtenir des indications complémentaires quant à sa constitution et sa typologie et pour relever, ou exclure, des affections dont il n'aurait pas parlé au cours de sa visite. A ce point, le médecin homéopathe aurait donné l'indication thérapeutique: le "remède" semblable à la typologie (psycho-physique) et à la symptomatologie du patient. Quelqu'un pourrait toutefois se demander si, après une consultation si poussée, le médecin est en mesure de lui dire exactement de quoi il souffre. A la question rituelle: "Docteur, qu'est-ce-que j'ai?", le médecin homéopathe pourra répondre avec une hypothèse de diagnostic classique (par exemple: "Je crois que vous souffrez d'un ulcère gastrique aggravé"), ou bien avec le nom du remède homéopathique utile dans le cas examiné (par exemple: "Votre symptomatologie est celle d'*Argentum Nitricum*", ou encore: "Vous êtes un *Calcarea Carbonica*"). Selon le principe de similitude, diagnostic et remèdes coïncident et doivent donc porter le même nom. Il ne faut donc pas prendre la formulation du diagnostic avec le nom du remède de la part du médecin homéopathe pour une extravagance bizarre. N'oubliez pas, cependant, que tout bon médecin, et il en va de même pour le médecin homéopathe, doit être en mesure de répondre à vos questions sur la maladie ou sur le symptôme qui vous afflige.

Usage et limites de l'homéopathie

Maintenant que nous vous avons expliqué les principes sur lesquels repose la médecine homéopathique et les motifs pour lesquels l'homéopathie doit être considérée comme une médecine à part entière, il sera plus facile d'en indiquer l'usage et les limites.
En tant que partisans de la médecine homéopathique, nous devons affirmer que tout ce qui peut être soigné par la médecine traditionnelle peut aussi être soigné et guéri par l'homéopathie et que, par conséquent, ses limites sont assimilables à celles de la médecine officielle. Cependant, il existe des domaines dans lesquels le choix thérapeutique entre l'homéopathie et l'allopa-

thie ("allopathie" est le néologisme forgé par Hahnemann pour indiquer la médecine "non homéopathique") doit être effectué d'après des critères élémentaires de logique et de jugement. Il est hors de doute qu'il existe des cas difficiles (et parfois impossibles) à traiter pour la médecine homéopathique. Contrairement à ce qui se passait à l'époque de Hahnemann, nous assistons aujourd'hui à une évolution de la maladie tout à fait particulière. En l'état actuel des choses, le début et l'évolution d'une maladie ou d'un symptôme sont modifiés par une quantité énorme de facteurs (constitutionnels, psychologiques, structurels, de milieu) aux caractéristiques absolument différentes de celles qui présentaient les mêmes facteurs à l'époque de Hahnemann.

Pensons par exemple à la pollution, l'alimentation, l'hygiène, l'usage habituel de produits chimiques. Il est logique que l'on puisse ainsi se trouver dans des situations où le terrain destiné à accueillir le traitement homéopathique est difficile à classer et à traiter au moyen du remède "semblable". Autrement dit: il est beaucoup plus problématique de traiter homéopathiquement un individu adulte avec des troubles "chroniques" et déjà "pollué" par des traitements et des médicaments, qu'un enfant à sa première expérience d'un trouble quelconque. Cela est notoire pour ceux qui ont déjà expérimenté le traitement homéopathique sur des enfants: les résultats sont rapides et parfois vraiment spectaculaires. Chez la personne plus âgée, ou adulte, à sa première expérience homéopathique, les résultats seront plus lents à apparaître, l'action du remède aura une certaine latence et parfois, il semblera n'avoir aucun effet visible. D'une façon générale, on peut affirmer que la médecine homéopathique remporte un bon succès dans certaines affections, communément connues par le public sous le nom de "troubles psychosomatiques" (mais quel est aujourd'hui le trouble qui ne peut être qualifié de psychosomatique, c'est-à-dire qui ne dérive, ou du moins ne soit influencé, par le psychisme du patient?). Il est vrai que d'excellents résultats s'obtiennent dans le traitement des troubles gastriques ou gastro-intestinaux dépendant de situations de déséquilibre nerveux ou neuro-végétatif, dans les affections de la peau d'origine inconnue, dans les troubles du cycle menstruel, dans les douleurs *sine causa* (c'est-à-dire sans motif apparent), etc. Mais il est tout aussi vrai que des maladies devenues chroniques, qui ont fait courir le malade d'un médecin à l'autre, avec des symptômes étranges et irréductibles, ainsi que des maladies plus communes (rhumes, otites, sinusites, amygdalites, fièvre etc.) peuvent être soignées par le traitement homéopathique.

Pour nous résumer: la médecine homéopathique est une excellente médecine "de cabinet de consultation", en ce sens qu'elle peut parfaitement remplacer (et avec de bons avantages) toute la série de prescriptions que donne le médecin de médecine générale dans son cabinet de consultation, sans oublier la totale absence de toxicité, la parfaite tolérabilité et digestibilité des remèdes et la grande attention que le médecin homéopathe accorde à la personne du malade durant sa visite, et à sa prescription.

Le traitement homéopathique est donc conseillé comme méthode de premier choix pour la conservation de l'état de santé et pour le recouvrement ou le rééquilibre fonctionnel après une maladie (même si elle a été soignée allopathiquement). En effet, après un traitement allopathique, un drainage homéopathique (c'est-à-dire une dépuration de l'organisme grâce à l'action de remèdes homéopathiques qui favorisent l'excrétion de toxines) pourra constituer un excellent début pour celui qui entendrait entreprendre un traitement à base de remèdes homéopathiques.

La médecine traditionnelle (l'allopathie), bien que présentant les désavantages que nous avons déjà énoncés (toxicité presque constante et faible tolérabilité aux médicaments, attention portée plus sur les symptômes que sur l'ensemble "symptôme-personne malade", avec perte consécutive d'une certaine humanité), a des indications précises dans toutes les maladies où, pour diverses raisons, un organe a perdu sa fonction (le pancréas dans le diabète; autres glandes à sécrétion interne dans les maladies endocriniennes; les poumons dans les insuffisances respiratoires, surtout si elles sont chroniques ou aiguës avec des foyers déjà manifestés; les douleurs incoercibles dues à la péritonite ou la destruction des tissus, etc.). Dans ces cas, notamment, la fonction prédominante de l'allopathie doit être reconnue. En effet, si elle est utilisée attentivement, elle peut libérer rapidement (bien que pas toujours de manière définitive) des symptômes de souffrance, ou remplacer les fonctions des organes déficients. Il restera toujours la possibilité, une fois la guérison intervenue ou le symptôme principal et le plus insupportable éliminé, de s'adresser à l'homéopathie ou, si l'on préfère, de l'associer au traitement traditionnel lorsque ce dernier ne peut être suspendu (comme l'insuline dans le diabète, les bêtabloquants dans les arythmies, les traitements prolongés à la cortisone). Il a, en effet, été prouvé que l'association de médicaments allopathiques et de remèdes homéopathiques (contrairement à ce que voudrait la tradition la plus orthodoxe) est extrêmement utile et avantageuse justement grâce à la capacité du remède homéopathique d'agir à des niveaux plus profonds, modifiant de manière positive le terrain organique du patient et favorisant ainsi l'action des médicaments et, par conséquent, la guérison.

En résumé: par l'homéopathie, on peut soigner et guérir la plupart des affections les plus communes et réversibles (il est inutile de demander à un traitement homéopathique de restaurer les fonctions d'organes irrémédiablement compromis). Grâce à l'homéopathie, on peut prévenir l'apparition de maladies et conserver un bon état de santé au moyen d'un traitement salutaire périodique, dit de "drainage" (une sorte de dépuration de l'organisme, favorisée par des remèdes appropriés).

Durant, et surtout après un traitement allopathique, on peut entreprendre un traitement homéopathique partiel, mais pas moins efficace pour autant. Dans tous les cas, il faudra avoir recours au médecin (allopathe ou homéopathe qui, évidemment connaît aussi l'allopathie). Rappelons enfin que l'innocuité du traitement homéopathique répond parfaitement au dicton éthique, trop souvent négligé: "Avant tout, ne pas nuire".

La mentalité homéopathique

Pour commencer un traitement homéopathique et en obtenir les meilleurs résultats, il ne suffit pas de s'adresser au pharmacien, au médecin de confiance ou de consulter un bon manuel, encore faut-il s'imprégner d'une certaine mentalité. Qu'est-ce-que cela signifie? Nous avons appelé l'homéopathie la médecine du bon sens, et c'est de ce "bon sens" que nous devons en premier lieu nous occuper. Il arrive souvent, et c'est un tort, que l'on prenne pour un progrès le fait de négliger volontairement ce qui fait partie de la culture du passé. Cela se produit notamment en médecine, où le "retour au naturel" a été accusé d'appartenir à une tradition dépassée, désormais inacceptable, patrimoine discutable de nos ancêtres.

Mais quand un patient, face à son médecin homéopathe, dresse toute une liste de troubles dus de toute évidence à des abus alimentaires, au surmenage physique, etc., comment ne pas lui demander "Savez-vous ce que vous conseillerait votre grand-mère si vous lui racontiez tout ce dont vous vous plaignez"?

Il n'est pas difficile alors d'obtenir des réponses pleines de bon sens, de saine sagesse populaire qui, confirmées et appuyées par le médecin, donneront la première indication thérapeutique.

Un sujet qui se plaint de fortes céphalées, de difficultés à digérer et de constipation depuis qu'il a adopté un régime principalement carné, ne peut certes rien faire de mieux pour retrouver son état de santé que de revenir à ses anciennes habitudes alimentaires. C'est certainement là un exemple banal, mais il est authentique, tout comme celui du patient qui se plaignait d'une grave irritation de la trachée et de fréquents troubles bronchiques depuis qu'une situation professionnelle l'avait rendu plus irritable et l'avait poussé à augmenter le nombre de cigarettes fumées... De tels exemples, pour lesquels n'importe qui pourrait indiquer le remède adéquat, sont plus nombreux qu'on ne le croit. Avant tout, donc, du "bon sens", ou si vous préférez, par ce que l'on appelle communément un "régime", pas particulièrement strict, mais en mesure de permettre de repérer l'apparition d'un malaise, dépendant peut-être justement d'une alimentation erronée. Voyons un exemple semblable à ceux que nous avons vus précédemment. Il est évident qu'un patient qui se plaint de nausées et de sensations de lourdeur à la tête après des repas copieux pourrait "guérir" en réduisant déjà la quantité d'aliments ingérée. Il n'est pas exclu, cependant, que malgré le changement des habitudes alimentaires, la nausée et le mal de tête persistent. Voilà alors le symptôme sur lequel l'attention du médecin se concentrera le plus pour prescrire le remède.

En restant dans le domaine de l'alimentation, il est de l'avis de tous ceux qui soignent "homéopatiquement" qu'un régime approprié (sans graisses ni viandes rouges, avec peu de sel, sans épices et avec un apport minimum de sucres et d'alcools), associé à une vie bien réglée (heures de repos et d'activité équilibrées) ne peut que favoriser le retour à une bonne santé, ou l'efficacité d'un remède qui, nous l'avons vu, agit mieux sur des terrains peu "pollués".

Fait également partie de la mentalité homéopathique l'argument des "blocages", c'est-à-dire des facteurs qui s'opposent à l'action du remède homéopathique, ou vont même jusqu'à l'"antidoter" après qu'il ait commencé son action de guérison. Ces empêchements peuvent être soit "endogènes" (c'est-à-dire trouver leur origine dans l'organisme même), soit "exogènes" (lorsqu'ils proviennent de l'extérieur de l'organisme). Comment "débloquer" un organisme qui ne réagit pas au traitement homéopathique? Lorsque le blocage est externe, ou "exogène", cela est assez simple: il suffit d'éliminer le facteur externe qui le provoque et qui est facilement identifiable. Plusieurs blocages exogènes sont en effet aujourd'hui représentés par des substances industrielles que nous ingérons dans notre alimentation. D'autres substances pouvant constituer un blocage sont les médicaments, les parfums, les essences. Menthe, camomille, camphre, nicotine et caféine sont les substances qui, le plus souvent, causent l'échec du traitement homéopathique.

Le problème est plus complexe pour les blocages "endogènes", qui seront plus difficiles à découvrir et à éliminer, au point que même le médecin homéopathe peut parfois éprouver des difficultés à comprendre les raisons d'un échec thérapeutique. Généralement, ce sont des causes psychologiques profondes qui interviennent négativement et conditionnent l'orientation thérapeutique et le déroulement de tout le traitement.

Une fois le traitement homéopathique commencé, il est essentiel que ces "blocages" ne s'instaurent pas: on cherchera donc avant tout à éliminer (avec bon sens!) les substances qui sont connues pour nuire à l'organisme.

Nous avons maintenant passé en revue les premières bases de la mentalité homéopathique. Résumons-les: bon sens, alimentation saine en quantité mesurée, vie hygiénique et le plus possible à l'abri des surmenages psychologiques et physiques. Il est aisé d'observer comment tout cela, en raison de la vie que l'on est souvent obligé de mener, est pratiquement impossible à réaliser. En vérité, les personnes prisonnières de cet enchevêtrement de circonstances défavorables et présentant donc de graves "blocages" vis-à-vis de l'efficacité d'une thérapie homéopathique ne sont pas rares. Il ne faut cependant pas perdre de vue le fait qu'un bon médecin homéopathe saura, même dans ces cas, trouver le remède qui, progressivement, pourra rendre plus efficace une autre approche thérapeutique.

Enfin, pour terminer, nous devons aussi apprendre à observer attentivement et à écouter nos symptômes. Dans la mentalité homéopathique, il est extrêmement utile pour le choix d'un remède, de savoir distinguer les symptômes nouveaux des symptômes habituels, et quelles caractéristiques ils présentent. Nous verrons que pour construire un diagnostic homéopathique, ou un auto-diagnostic, il sera nécessaire de choisir et de classer toutes les observations sur les symptômes afin de pouvoir trouver le remède le "plus similaire".

L'homéopathie, médecine de l'"homme total" considère la personne malade et la maladie comme un ensemble et le symptôme comme une manifestation tout à fait particulière, à un individu, et uniquement à cet individu déterminé, pouvant difficilement être répétée avec les mêmes modalités chez d'autres personnes; bref: une espèce d'empreinte digitale.

Ce principe garantit à la médecine homéopathique une caractéristique que l'on ne trouve dans aucune autre médecine: celle de respecter l'intégrité psycho-physique de la personne souffrante et de personnaliser l'intervention thérapeutique.

Un symptôme extrait de son propre "contexte organique" ne sera pas très significatif, mais s'il est repéré, personnalisé et rattaché au patient (exactement comme une pièce dans un puzzle), il revêtira la plus grande importance dans la logique de la matière médicale homéopathique.

Comment utiliser le manuel

S'il est vrai que l'unique personne en mesure de rendre un diagnostic exact et de prescrire la thérapie convenant le mieux au cas est le médecin, il n'en est pas moins vrai que, dans plusieurs cas, réussir à effectuer une sorte d'auto-diagnostic permettra à tout un chacun de commencer (même si c'est encore imparfait) une thérapie homéopathique. C'est dans ce but que nous vous donnons quelques indications simples à suivre qui vous permettront, en outre, de rendre plus pratiques les suggestions fournies par cet ouvrage.

Pour réaliser un "auto-diagnostic" correct, il faut avant tout travailler sur les symptômes d'un terrain que chacun de nous devrait bien connaître: son propre corps, avec ses propres émotions et ses sentiments. Naturellement, on ne vous demande pas d'apprendre à traiter les symptômes et les maladies de n'importe qui, bien que, d'une certaine manière, cela puisse paraître possible. Le but de ce manuel reste celui de comprendre les principes homéopathiques et de savoir utiliser les remèdes fondamentaux qui seront indiqués. Il faudra en outre nécessairement se limiter à un diagnostic de type "symptomatique" qui conduira à un usage du remède homéopathique semblable à celui qui est connu de tous pour les médicaments traditionnels. Cela signifie qu'il sera pratiquement impossible à un profane qui ne se baserait que sur les indications de cet ouvrage d'arriver à un véritable diagnostic homéopathique. Cela le conduirait à utiliser un remède uniquement pour le symptôme l'affligeant, sans qu'il puisse prétendre modifier le terrain, ou les causes qui sont à la base du symptôme même. Pour cela, ne l'oubliez jamais, il faut toujours vous adresser au médecin homéopathe, auquel vous aurez recours chaque fois que vos propres tentatives thérapeutiques auront rencontré un échec total ou partiel. Nous avons déjà souligné l'importance des symptômes, mais nous y revenons de nouveau car, comme nous le verrons plus loin, les sujets de cet ouvrage sont classés par symptômes. Cela signifie donc que, dans l'utilisation de ce manuel, il faudra remonter de l'identification du symptôme (par exemple une céphalée) au remède convenant le mieux pour le soigner. Rappelons d'ailleurs, brièvement que le médecin homéopathe se sert souvent pour la recherche du remède "similaire" de la *Matière Médicale Homéopathique*, volume dans lequel sont indiqués, par ordre alphabétique, les noms de tous les remèdes homéopathiques expérimentés accompagnés de la liste des symptômes qui sont propres au remède même. La différence entre *Matière Médicale* et le présent ouvrage réside dans l'impossibilité, dans notre cas, de suivre le procédé inverse, du remède au symptôme, chose qui, par contre, peut être très utile au médecin face à un diagnostic controversé. Mais venons-en aux symptômes. Dans la médecine traditionnelle, une maladie est caractérisée par le "syndrome" qui n'est autre que l'ensemble des symptômes qui se manifestent généralement dans une maladie donnée. Un exemple: éternuements, larmoiement, hausse de température, engourdissement musculaire et céphalée représentent le syndrome de la maladie appelée "grippe virale". La thérapie est constituée par le choix de l'un, ou de plusieurs, des nombreux anti-grippe ou antipyrétiques que nous connaissons tous. Par contre, pour la médecine homéopathique, toute manifestation grippale se caractérise par la diversité des symptômes que la grippe présente selon l'individu atteint. En effet, il est évident que si le syndrome est plus ou moins le même pour tous, tous les symptômes n'en seront pas pour autant identiques. Exemple: la fièvre cause-t-elle un état de prostration ou d'agitation? Les joues sont-elles pâles ou rougies? Y a-t-il transpiration, ou bien la peau est-elle sèche? Le malade se plaint-il de la chaleur, ou bien a-t-il tendance à se couvrir? Le trouble est-il apparu soudainement ou petit à petit? Et ainsi de suite pour chacun des symptômes. Tout cela demande naturellement une habitude du travail d'analyse que seul le médecin homéopathe peut connaître à fond. Pour ce qui vous concerne, il vous suffira d'avoir compris l'importance de ce minutieux mécanisme analytique et de prendre en considération le symptôme avec quelques caractéristiques simples ou généralisables. Par exemple, vous n'examinerez pas toutes les formes de douleur, mais uniquement celles que vous pourrez observer le plus souvent.

Il est cependant nécessaire de faire une distinction entre ce que l'on appelle en homéopathie les "bons" symptômes et ceux qui, par contre, ne sont pas utiles dans le choix du remède similaire et que l'on appelle symptômes "inutiles" ou "mauvais". L'expérience de Hahnemann et celles d'autres médecins homéopathes ont conduit à l'adoption d'une règle essentielle à suivre si l'on veut choisir avec certitude une thérapeutique correcte: pour la médecine homéopathique, les symptômes les meilleurs sont généralement ceux qui sont considérés à première vue comme étant de peu d'intérêt, car bizarres, curieux et par conséquent sans rapport avec ce que devrait être la véritable maladie. Mais quel remède pourrait être plus "homéopathique", c'est-à-dire "similaire", et donc plus efficace, que celui correspondant aux symptômes "particuliers" et propres à un malade déterminé? Un simple exemple: la céphalée, à elle seule, n'est pas un "bon" symptôme. En effet, en homéopathie, il n'existe pas de remède contre la céphalée en général (comme, par exemple, l'Aspirine en allopathie). La céphalée doit être "identifiée": est-elle pulsative? S'aggrave-t-elle en cas de climat chaud ou de temps venteux? Disparaît-elle après l'application d'un bandage serré autour de la tête? La douleur augmente-t-elle ou diminue-t-elle après l'absorption d'aliments ou de boissons froides? Pour chacun de ces "bons" symptômes, ou pour plusieurs d'entre eux ensemble, il existe un remède homéopathique (= simile) qui, correctement administré, soignera cette céphalée particulière, et seulement celle là.

Comment prendre les remèdes

Une fois le symptôme repéré et le remède homéopathique trouvé, vous devez encore savoir de quelle manière le prendre, à quelle dose et pendant combien de temps.
Où pouvez-vous trouver les remèdes homéopathiques? En parlant de leur préparation, nous avons vu combien il peut être simple de se procurer la Teinture Mère (T.M.) et d'en retirer les

dilutions et les dynamisations les plus utiles. L'industrie pharmaceutique dispose aujourd'hui des techniques les plus appropriées pour la fabrication des remèdes homéopathiques qui, sous diverses marques, sont en vente dans des pharmacies spécialisées. En réalité, il ne devrait y avoir aucune différence entre une préparation homéopathique faite à la maison, dans une pharmacie, ou par un laboratoire. Mais par commodité et aussi pour être sûr de toujours disposer de produits préparés de la même manière, et donc aux effets contrôlables et répétés, nous vous conseillons de faire toujours appel aux produits d'un même laboratoire.

Les produits homéopathiques sont disponibles sous forme de gouttes, d'ampoules (par voie orale ou en injections), de suppositoires, de poudres (triturations) ou de granules. Personnellement, nous sommes convaincus que l'efficacité des diverses préparations est plus ou moins identique, indépendamment de la manière dont elles sont administrées, c'est pourquoi, pour des raisons de facilité d'emploi, nous avons une préférence pour les granules qui sont administrés par voie orale.

Les granules sont de petites boules blanches (les remèdes homéopathiques ne sont jamais colorés et ne peuvent donc se distinguer par leur couleur) d'environ deux millimètres de diamètre composées de lactose (sucre de lait), au goût très agréable et modérément sucré, imprégnées de remède homéopathique (insipide). Ces petites boules, au nombre d'environ soixante, sont contenues dans des tubes en plastique ou en verre, munis d'un couvercle qui sert aussi de porte-granules car, pour éviter d'altérer la substance active qui se trouverait stratifiée sur la surface de la petite boule de sucre, les granules doivent être portés à la bouche en évitant de les toucher avec les doigts. Une fois le granule dans la bouche, le principe actif entrera dans la circulation sanguine par l'intermédiaire de la muqueuse orale, très riche en vaisseaux sanguins.

Une règle importante consiste à maintenir les granules le plus longtemps possible sous la langue afin qu'ils fondent très lentement.

Il n'y a sur les conditionnements des produits homéopathiques ni avertissements, ni indications particulières; les conditionnements ne se distinguent pas non plus les uns des autres; la seule chose qui varie est l'indication de la dilution du remède, et naturellement, son nom. Par exemple, on pourra lire sur un tube: *Belladonna 5 CH*, ce qui signifie que le remède est la Belladone (une plante médicinale dont on retire l'atropine) diluée à la 5e centésimale (C) par la méthode de Hahnemann (H), dont nous avons déjà parlé.

Un autre exemple: *Ignatia 10 M* signifie fève de Saint-Ignace (autre plante médicinale) diluée à la 10 000e puissance, et ainsi de suite. Il existe une infinité de dilutions pour chaque remède, ce qui permet un meilleur choix en fonction des symptômes rencontrés. Généralement, plus le symptôme est récent et aigu, plus la dilution doit être basse (c'est-à-dire que le remède doit être peu dilué); plus le symptôme devient chronique, ou s'il est psychique, plus la dilution doit être grande. Mais ce sont là des propos que nous devons laisser aux spécialistes.

Le remède homéopathique doit être absorbé au moins une demi-heure avant les repas, ou une heure après, dans une bouche propre, il faut éviter de le mélanger à d'autres substances (rappelons l'incompatibilité avec la menthe, le camphre et la camomille). Lorsqu'il n'y a pas d'indications contraires du médecin, il faut laisser s'écouler au moins deux heures entre une absorption d'un remède homéopathique et un autre.

De par leur composition, les produits homéopathiques sont atoxiques, hypoallergiques et absolument privés d'effets secondaires. Dans certains cas, le renforcement passager des symptômes doit être considéré comme un signal de l'effet positif du remède.

En se souvenant de ce qui a été dit à propos de l'expérimentation homéopathique et du principe de similitude, cela ne devra pas sembler étrange, ou préoccuper excessivement, pour autant que le symptôme ne revête pas de nouvelles caractéristiques inquiétantes.

Il est bon de souligner que le remède homéopathique ne se dose pas et ne s'utilise pas comme un des médicaments auxquels nous sommes habitués. Généralement, dans une prescription "allopathique", l'on indique des médicaments dont les doses sont calculées en fonction du poids corporel du patient, de son âge, de sa tolérance gastro-intestinale, et enfin en fonction de la gravité de sa maladie. Ces doses sont ensuite augmentées ou diminuées selon le développement plus ou moins favorable de l'affection en cours. Tout cela doit être complètement oublié au cours d'un traitement homéopathique où la dose et la répétition de la dose ne sont prescrites qu'en fonction du développement des symptômes. Si, par exemple, nous avons trouvé que *Pulsatilla* est le bon remède homéopathique pour notre migraine, et que la dilution convenant le mieux est 4 CH, l'effet obtenu sera le même que nous prenions trois granules à la fois ou que nous avalions tout le tube d'un coup. L'important sera de renouveler régulièrement la dose toutes les heures, ou plus, selon l'évolution de la douleur. Cela signifie qu'un tube entier de *Pulsatilla 4 CH* agira de la même manière que quelques granules de la même substance, pour autant que cette dernière ait été choisie selon un critère homéopathique (= similaire au mal qu'elle doit soigner); dans le cas contraire, elle ne donnera aucun effet et l'on ne s'apercevra même pas qu'on l'a ingérée. Voilà pourquoi tout un tube de granules peut être parfaitement inoffensif même pour un nourrisson.

Une dernière observation doit être faite sur l'effet du remède homéopathique: n'attendez pas d'un remède homéopathique, surtout dans ses premières administrations, un effet immédiat et spectaculaire, par exemple sur votre éternelle migraine que vous soignez depuis des années et des années au moyen d'impressionnantes quantités d'antinévralgiques ou d'analgésiques. De même ne devez-vous pas vous attendre à une brusque baisse de la température corporelle durant une manifestation fébrile, comme vous avez été habitué à en voir après l'absorption de sulfamides, d'antibiotiques ou d'antipyrétiques; en outre, oubliez le recours à la répétition à outrance, ou à l'augmentation de la dose (c'est-à-dire la quantité) du remède si, à votre avis, ce dernier ne marche pas. Le remède homéopathique a une action douce et graduelle sur le symptôme qu'il est destiné à guérir. Personnellement, je suis convaincu que même les modalités de guérison présentent, suite à un traitement homéopathique, des caractéristiques absolument individuelles et personnelles, peu faciles à définir. Nous pouvons cependant citer une expérience que nous avons nous-mêmes vécue durant une guérison homéopathique: il s'agit d'une sorte d'oubli", ou peut-être de perte d'intérêt, et donc d'attention, pour un symptôme déterminé, ou un ensemble de symptômes. La sensation éprouvée est d'arriver à la guérison, et donc à cette condition que nous qualifions de "normale" par un chemin peut-être plus long, mais combien moins accidenté! Et d'ailleurs, il n'est pas tout à fait vrai que le processus de guérison soit tellement plus long: tout dépend des circonstances qui peuvent soit favoriser, soit dresser des obstacles devant l'action du remède. Il suffit d'essayer de l'appliquer à des enfants pour se rendre compte à quel point le lieu commun selon lequel la guérison homéopathique ne s'obtiendrait qu'après un long traitement est faux.

De toute façon, se soigner par homéopathie signifie vraiment être "patient"! Le remède homéopathique ne livre pas une bataille rapide et traumatisante à vos troubles, mais il vous aide à découvrir les énergies pour les guérir définitivement selon une progression graduelle tout à fait naturelle.

PHARMACIE HOMEOPATHIQUE
A AVOIR CHEZ SOI

Nous indiquerons des remèdes à la 4 CH et à la 5 CH (quelques rares remèdes en dose unique à la 9 CH) et des remèdes à la T.M. Ce sont des dilutions basses (c'est-à-dire que les remèdes sont peu dilués) qui, dans la pratique homéopathique, sont généralement prescrites pour les troubles aigus, ces derniers étant justement ceux que nous nous proposons de vous apprendre à traiter. Des doses et dilutions plus élevées ne sont prescrites, comme nous l'avons vu, que pour des troubles chroniques, ou d'origine plus profonde dont les causes sont psychiques. Les remèdes à la 4 CH et à la 5 CH peuvent être administrés plusieurs fois par jour (trois granules toutes les heures environ, ou même plus souvent si nécessaire) jusqu'à la disparition, ou l'atténuation des symptômes. Dans d'autres cas, par exemple dans un but préventif, les remèdes peuvent être prescrits une ou deux fois par jour; pour les traitements de longue durée, on ne prendra les granules qu'un jour sur deux.

Quant aux ''doses uniques'' à la 9 CH (indiquées par dose), elles ne doivent être administrées qu'une fois de temps en temps. Les ''doses uniques'' se différencient des remèdes en granules par leur conditionnement, qui est plus petit, par leur aspect (ce sont de très petites boules) et par leur modalité d'absorption. Les doses doivent être prises en une seule fois, ou tout au plus en deux reprises. Pour les T.M., l'usage en sera indiqué cas par cas.

Nous donnons ci-dessous la liste des remèdes que nous jugeons utiles d'avoir dans une pharmacie familiale, et qui sont cités sous leur nom original, utilisé aussi dans le commerce.

- *Aconit*
- *Aloe*
- *Antimonium Crudum*
- *Apis*
- *Argentum Nitricum*
- *Arnica*
- *Arsenicum Album*
- *Belladonna*
- *Berberis*
- *Bryonia*
- *Calendula Officinalis*
- *Carbo Vegetabilis*
- *Chamomilla*
- *China*
- *Coffea*
- *Colocynthis*
- *Conium Maculatum*
- *Eupatorium Perfoliatum*
- *Ferrum Phosphoricum*
- *Formica Rufa*
- *Gelsemium*
- *Hepar Sulfur*
- *Hypericum Perfoliatum*
- *Ignatia*
- *Ipeca*
- *Lycopodium*
- *Mercurius Corrosivus*
- *Mercurius Solubilis*
- *Nux Moschata*
- *Nux Vomica*
- *Podophyllum*
- *Phosphorus*
- *Phytolacca*
- *Pulsatilla*
- *Pyrogenium*
- *Rhus Toxicodendron*
- *Ruta Graveolens*
- *Sambucus Nigra*
- *Sulfur*
- *Thuya*
- *Urtica Urens*
- *Veratrum Viride*

Les tubes des remèdes doivent être conservés en lieu sec, à l'abri de parfums ou d'arômes très forts et loin des autres médicaments.
Les remèdes homéopathiques se conservent pendant plusieurs années, mais, par précaution, on ne les gardera pas plus de cinq ou six ans. Pour se procurer un produit homéopathique, il n'y a

pas besoin de prescription médicale, car ces remèdes ne sont pas compris dans la pharmacopée officielle qui les "tolère" en les considérant comme inoffensifs.

Après avoir pris l'habitude de vous observer attentivement, vous apprendrez bien vite à connaître vos "points de moindre résistance", c'est-à-dire les organes et les situations à cause desquels votre corps peut plus facilement être affaibli et ouvrir la porte à une affection quelconque.

Sur la base de vos connaissances, il vous sera aisé de choisir les produits à garder sous la main dans votre pharmacie: ceux dont vous aurez le plus souvent besoin pour vos symptômes. En effet, il est évident que la liste des remèdes indiqués ci-dessus, qui ne couvrent que les affections les plus normales et les plus courantes, sera excessive dans certains cas et insuffisante dans d'autres. A chacun donc de personnaliser sa propre pharmacie en y insérant les remèdes qui lui conviennent.

Rappelons encore que les remèdes homéopathiques peuvent combattre un très grand nombre de symptômes; par conséquent, des remèdes différents pourront être utilisés pour soigner une même affection. C'est pourquoi il n'est pas toujours possible de répondre à la question: "Pardon, Docteur, à quoi sert ce remède?" Et cela est, encore une fois, en accord avec le principe de similitude: un remède ne remplira sa fonction que s'il est en "syntonie" avec la façon dont un malade "fait" sa maladie. Pour donner un exemple: *Belladonna* est un remède fréquemment utilisé en homéopathie pour soigner la fièvre, mais il n'aura aucun effet si le patient ne transpire pas, a des frissons et est agité (alors, le remède approprié sera *Aconit*), ou bien si la fièvre s'est déclarée après un bain froid, ou une permanence prolongée sous la pluie (dans ce cas, le remède est *Rhus Toxicodendron*) et ainsi de suite. D'ailleurs, ce même remède (*Belladonna*) peut être utilisé pour de nombreux autres symptômes, toujours caractérisés par une apparition subite et par l'inflammation des tissus (névralgies, céphalées, angines, cystites, scarlatine). Pour trouver un remède précis dans ce livre, vous devrez partir de la zone de votre corps qui vous semble touchée par un certain symptôme (par exemple: "Tête" pour le mal de tête, "Organes Génitaux" pour les troubles menstruels, "Abdomen" pour une mauvaise digestion), et vous irez choisir sous ce titre le ou les remèdes qui vous semblent convenir le mieux à votre symptomatologie.

Plus loin, vous trouverez les symptômes psychiques et nerveux ainsi que quelques indications pour des occasions particulières ("Voyages", "Grossesse et Accouchement", "Interventions Chirurgicales").

Au début de chaque paragraphe a été indiqué, là où cela a été possible, le remède le plus utilisé et le plus fréquemment choisi pour des symptômes se rapportant à un organe déterminé. A côté des remèdes, entre parenthèses, est précisée la caractéristique la plus importante de chaque symptôme.

ABDOMEN

Douleurs

● Colocynthis 4 CH (en cas de douleur qui s'atténue
　　　　　　　　　　 lorsque vous vous pliez en deux).

Vous avez sans doute souvent entendu dire que la douleur abdominale doit être respectée, et cela parce que l'abdomen est le
siège de toute une série d'organes difficiles à examiner pour le
médecin; celui-ci les ausculte seulement au moyen de la palpa-
tion. Alors, la douleur, avec toutes les caractéristiques qui l'accompagnent et qui varient d'organe en organe et selon les diverses affections, peut être très utile pour formuler le diagnostic indispensable pour le choix du traitement thérapeutique. Une colite due à une mauvaise motilité intestinale, ou une appendicite
perforée peuvent causer des douleurs égales en intensité et en
gravité, parfois localisées au même endroit: seule la main ex-
perte du médecin, capable d'éveiller un certain type de douleur,
pourra déterminer si votre ventre doit subir une intervention
chirurgicale pour l'ablation de l'appendice, ou si un simple an-
tispasmodique peut vous suffire. Mais si, par l'usage d'analgésiques et d'antispasmodiques, vous avez ''camouflé'' ce symptôme, alors une erreur de diagnostic est toujours possible. Cela
est vrai pour les médicaments contre la douleur de la médecine
traditionnelle, mais certainement pas pour le *Colocynthis* homéopathique qui présente comme symptôme caractéristique

une douleur à l'abdomen qui peut être calmée ou atténuée si on effectue une pression dessus, ou si l'on se plie en deux.
Un autre remède complémentaire est:

● DIOSCOREA 4 CH (en cas de douleur qui s'atténue lorsque vous vous allongez).

Par "douleur abdominale" nous entendons ici ce que l'on appelle communément "mal au ventre" sans symptômes concomitants (c'est-à-dire vomissements, diarrhée, constipation), pour lesquels on se reportera aux paragraphes correspondants. De toutes manières, les deux remèdes examinés servent à couvrir les sensations douloureuses de l'abdomen les plus communes, indépendamment de leur siège. Ainsi *Colocynthis* peut-il également être pour une douleur abdominale de type menstruel pourvu qu'elle présente la caractéristique de s'améliorer après pression, ou si l'on se plie en deux.

Estomac et digestion

● NUX VOMICA 5 CH (personnes nerveuses).

Ce remède est d'une grande utilité dans le cas de divers troubles de l'estomac, comme la gastrite, l'aérophagie (quantité excessive d'air dans l'estomac), les crampes abdominales, la nausée, les vomissements et la mauvaise digestion. Si vous souffrez de l'un de ces maux, NUX VOMICA doit être utilisé sans hésitation (trois granules deux fois par jour, une demi-heure après les repas) en l'alternant éventuellement, s'il y a d'autres symptômes, avec:

● LYCOPODIUM 5 CH (personnes sédentaires).

Ce remède est le plus typique pour un individu sédentaire, grand mangeur, qui élimine mal parce qu'il fait peu de mouvement et tend à l'obésité. Il aide aussi à atténuer une certaine sensation de "gonflement" après de copieux repas, tout comme:

● NUX MOSCHATA 5 CH (gaz gastro-intestinaux)

Qui remédie à la forte distension abdominale due à une production excessive de gaz durant la digestion.

Il nous faut ici répéter que le meilleur médicament pour l'estomac consiste en une alimentation saine comprenant des aliments que notre organisme est en mesure de transformer et d'assimiler avec facilité (c'est en cela que consiste la digestion), sans cependant négliger, en petites quantités, tout type d'aliments. Des régimes particuliers ne doivent être suivis que sur le conseil et sous le contrôle d'un médecin, en se souvenant toujours qu'il est erroné de penser qu'un régime, même le plus hygiénique et le plus sain qui soit (comme par exemple le régime végétarien, ou le régime macrobiotique), est toujours inoffensif. En effet, il existe des personnes qui ne survivraient pas, ou alors très mal, à de telles diètes.

BRULURES ET ULCERE

Ce sont aujourd'hui des symptômes vraiment très fréquents à cause de la mauvaise alimentation que nous avons et de la vie stressante que nous sommes de plus en plus souvent obligés de mener.

L'homéopathie peut être extrêmement utile dans ces cas, mais n'oubliez cependant pas la nécessité de remonter aux causes et de les combattre avec les moyens fournis par la psychothérapie moderne ou avec la possibilité, certes plus difficile, d'un changement de vie radical. Le remède principal est:

● ARGENTUM NITRICUM 5 CH (ulcère gastro-duodénal).

C'est le remède des personnes toujours occupées et pressées, qui voudraient déjà avoir terminé ce qu'elles ont à faire avant

41

même de l'avoir commencé. Dans les cas aigus, et durant les crises douloureuses, on pourra l'alterner avec:

● Iris Versicolor 4 CH (crises aiguës).

En cas d'ulcération déjà diagnostiquée et manifeste:

● Kali Bichromicum 5 CH.

Il est très probable que si vous souffrez déjà de ces troubles vous prenez depuis longtemps des médicaments appelés "antiacides" ou "protecteurs de la muqueuse gastrique". Leur association avec des produits homéopathiques n'est pas indiquée, mais il n'est pas conseillé de les arrêter brutalement si ce n'est en période d'atténuation des symptômes qui, comme on le sait, s'aggravent surtout au printemps et en automne. Il sera donc plus avantageux de commencer le traitement homéopathique au cours des mois où les symptômes caractéristiques sont moins manifestes.

NAUSEE ET VOMISSEMENT

Nous devons ici distinguer la nausée (avec ou sans vomissement) provoquée par le mouvement, par exemple d'une voiture ou d'un bateau, de la nausée causée par une digestion difficile, des excès ou une intoxication alimentaire (pour ne donner que les causes les plus courantes). Nous ne nous occuperons ici que des seconds symptômes.

Pour les premiers (les "cinétoses", c'est-à-dire troubles dus au mouvement) voyez le paragraphe "Voyages".

Un remède dont nous avons déjà parlé à propos de l'estomac et de la digestion et que nous signalons ici pour les cas les plus aigus de nausée (une dilution légèrement inférieure, la 4 CH, est indiquée) surtout après un repas copieux, ou lorsqu'elle apparaît suite à un abus de boissons alcoolisées est:

● Nux Vomica 4 CH (nausée).

Le meilleur médicament homéopathique contre les nausées accompagnées de vomissements, langue non chargée, de quelque origine qu'elles soient, est le remède qui s'obtient à partir de l'*Ipecacuana*, une racine brésilienne dont on retire l'émétine (puissante substance vomitive):

● IPECA 4 CH (vomissement).

Autre remède important pour les symptômes dus à des désordres ou des abus alimentaires qui se prolongent dans le temps, accompagnés non seulement de fréquentes nausées, mais aussi de vomissements et de diarrhées, comme les gastro-entérites (maladies qui intéressent tout l'appareil digestif entier, estomac et intestin compris):

● ARSENICUM ALBUM 5 CH (intoxications alimentaires).

Nous terminons avec un remède tout indiqué dans les cas de nausées et de troubles gastriques avec langue fortement chargée:

● ANTIMONIUM CRUDUM 5 CH (nausée et langue chargée).

Intestin

CONSTIPATION ET DIARRHEE

Aucun symptôme n'est plus difficile à soigner et à guérir que la *constipation*, à tel point que ceux qui en souffrent la considèrent comme faisant partie intégrante de leur corps. Plusieurs conditions contribuent à ce petit, mais combien désagréable fléau de l'humanité; à commencer par une alimentation trop pauvre en scories, mais extrêmement riche en protéines animales, sans oublier la diminution de l'activité physique, favorisée par l'augmentation des occupations sédentaires et par l'usage, toujours plus fréquent, de moyens de locomotion motorisés. Il faut aussi ajouter, que la prescription et l'usage répétés, presque routiniers, de substances laxatives, généralement jugées inoffensives, ont beaucoup contribué à rendre le symptôme chronique. Tout médecin peut confesser avoir rencontré de très grosses difficultés à guérir des personnes qui, depuis des années, faisaient usage de laxatifs car la seule solution à cette maladie est de changer radicalement les habitudes de vie et le type d'alimentation des patients.

La constipation demande un choix homéopathique extrêmement précis en fonction des modalités sous lesquelles elle se présente. Voyons-en quelques-unes par ordre d'importance:
— si l'on ressent la stimulation, mais que cela est inefficace:
  NUX VOMICA;
— aucune stimulation et après abus de laxatifs:
  HYDRASTIS;
— selles molles, mais grande difficulté à les expulser:
  ALUMINA;
— si vous êtes sédentaire et grand mangeur:
  LYCOPODIUM.

Dans ce cas aussi, le choix de la dilution devra dépendre de la durée et de l'apparition du symptôme, de sa répétition plus ou moins fréquente. A titre indicatif, on pourra absorber trois granules 5 CH le matin à jeun et trois autres le soir avant de se coucher. A cela, l'on associera une alimentation plus riche en substances végétales (surtout cuites) et des aliments complets (pâtes, pain, etc.). Les substances à base de son (ou le son pur ajouté à l'alimentation) se sont révélées particulièrement utiles dans certaines formes de constipation, surtout dans la constipation "atonique", c'est-à-dire sans stimulation.

Quant à la *diarrhée*, on peut la considérer comme un symptôme moins fréquent. Il est plus facile de l'observer accompagnée de constipation dans ce que l'on nomme le symptôme du "côlon irritable", trouble typique des personnes nerveuses, neurasthéniques, ou affligées de troubles connus sous le nom de maladies du système "neuro-végétatif", ou déséquilibres neuro-végétatifs, eux aussi très fréquents de nos jours.

Une diarrhée accompagnée des signes de son arrivée (petites douleurs dans la partie la plus basse de l'abdomen, gargouillements intestinaux) avec peu d'évacuations par jour, peut être considérée comme une tentative de dépuration de la part de l'organisme et soignée par une alimentation ne comprenant, durant toute la durée des troubles, que de légères infusions de thé, du riz non assaisonné et quelques jus de citron ou bien de carotte.

Au contraire, dans le cas où la diarrhée apparaît soudainement, accompagnée de fortes douleurs, d'évacuations nombreuses, et, encore pire, de présence de sang dans les selles, il faudra avoir recours à des remèdes draconiens, après avoir consulté son médecin.

L'homéopathie agit très bien dans le premier cas, en favorisant l'élimination des substances toxiques dont l'organisme cherche à se débarrasser "naturellement".

Les remèdes les plus souvent utilisés sont:

● CHINA 4 CH (selles liquides).

La CHINA est un remède de premier choix pour toute perte de liquides organiques (sang, sueur, diarrhée, etc.); dans une crise de diarrhée aiguë, on peut l'alterner toutes les heures avec:

● PODOPHYLLUM 4 CH (gastro-entérite).

Ce remède est particulièrement utile lorsque les selles sont de couleur jaunâtre et que les symptômes les accompagnant sont douleur et sensation de devoir encore évacuer, même si le canal a été complètement libéré (ténesme). Lorsque, dans une phase que l'on peut considérer comme plus grave, les selles sont retenues avec difficulté ou s'écoulent à l'improviste accompagnées de l'émission de beaucoup de gaz, le remède sera:

● ALOE 4 CH (en cas de douleur aggravée par le mouvement).

Ce remède peut parfaitement remplacer la CHINA lorsque les caractéristiques avec lesquelles apparaît la diarrhée sont celles qui ont été décrites ci-dessus.

Il nous faut encore examiner les formes de diarrhée qui ne sont pas dues à des abus, ou à des erreurs alimentaires (ou intoxications), mais qui se présentent dans des situations psychologiques particulières, chez des personnes fortement émotives. Le remède pour une diarrhée apparue suite à une émotion, ou à une forte tension nerveuse (comme par exemple la diarrhée avant un examen) sera:

● GELSEMIUM 5 CH (émotivité chez l'homme).

Ce remède est très utile dans les manifestations émotives de tout genre, surtout pour les personnes de sexe masculin; ce remède peut également être conseillé aux femmes.

Un autre type de diarrhée assez courant est celui du nouveau-né, ou du nourrisson, à cause de troubles liés à diverses conditions de déclenchement, parmi lesquelles les plus communes sont l'intolérance au lait et à certains aliments:

● AETHUSA CYNAPIUM 4 CH (diarrhée et vomissement du nourrisson),

ou la pousse des dents:

● CHAMOMILLA 4 CH.

Mais nous y reviendrons en parlant des enfants.

Foie

DOULEURS

Le foie est l'un des organes les plus importants du corps

humain, toutefois, sa présence n'est signalée que par des troubles vagues et difficiles à localiser en un premier temps, mais qui peuvent ensuite se transformer en véritables douleurs (parfois tellement insupportables qu'elles réclament l'usage d'analgésiques stupéfiants) lorsque les fonctions de dépuration, de sécrétion de bile et de production d'un grand nombre de substances indispensables à notre organisme sont altérées.

Les symptômes provoqués par un mauvais fonctionnement du foie peuvent être des plus variés (céphalées, constipation, digestion difficile, hémorroïdes, etc.); le plus connu et le plus ennuyeux de tous est très certainement cette douleur que l'on ressent à droite, juste sous les côtes.

Ceux qui connaissent la faiblesse de leur foie, ou prévoient des crises douloureuses dues à la présence de calculs, pourront prévenir les troubles et soigner durablement les conséquences d'une insuffisance hépatique en prenant régulièrement:

● CHELIDONIUM 5 CH.

Dès l'apparition d'une colique, on prendra:

● COLOCYNTHIS 4 CH,

● MAGNESIA PHOSPHORICA 4 CH,

● BRYONIA 4 CH,

en alternant les remèdes même tous les quarts d'heure s'il le faut (trois granules).

CALCULS

L'état actuel de nos connaissances ne permet pas de dissoudre les calculs biliaires une fois qu'ils ont pris des proportions telles qu'ils provoquent périodiquement de graves troubles et douleurs. Dans ce but, l'allopathie utilise, quelques fois avec succès, un acide, qui peut représenter une tentative pour éliminer une gêne vraiment importante pour ceux qui ne veulent pas se soumettre à une intervention chirurgicale et qui ne craignent pas les effets secondaires de cette substance.

Quant à l'homéopathie, outre la possibilité d'une prévention normale au moyen de restrictions alimentaires appropriées (réduction drastique des graisses et des substances à haute teneur en cholestérol), elle permet de réduire, de retarder, ou même d'empêcher les crises douloureuses dues à la présence de calculs, grâce aux remèdes que nous avons déjà indiqués pour le foie et les coliques hépatiques.

Hemorroïdes

● Paeonia 5 CH.

La Paeonia est le remède électif contre les hémorroïdes, qu'elles soient aiguës, ou chroniques. Les hémorroïdes peuvent être causées par des troubles de la défécation (par exemple une constipation chronique), par des troubles du système circulatoire; dans certains cas, elles sont très semblables aux veines variqueuses et peuvent avoir les mêmes origines que celles-ci. Les mêmes remèdes pourront donc être utilisés aussi bien en cas d'hémorroïdes que dans les cas de troubles de la circulation veineuse caractérisés par une varicosité, une dilatation excessive des parois vasculaires, une stase du sang ou une tendance à la thrombose. Dans ce dernier cas surtout, et lorsque les hémorroïdes n'ont pas tendance à saigner, le remède le plus indiqué sera:

● Haesculus Hippocastanum 5 CH (thrombose).

Ce remède peut être utilisé également sous forme de pommade pour des applications locales. Après, ou simultanément à l'évolution du cycle hémorroïdaire, si les hémorroïdes saignent lors de chaque défécation (ou si les varices tendent à l'ulcération), on pourra également faire usage, en l'alternant avec le remède précédent, de:

● HAMAMELIS 5 CH (ulcères saignants).

Lorsque la veine ou le nodule hémorroïdaire sont durs au toucher et très douloureux, il faudra immédiatement consulter un médecin (danger de thrombose).

Nous avons vu dans cette première partie consacrée à l'abdomen et à l'appareil digestif que les mêmes remèdes peuvent être utilisés pour des manifestations et des symptômes différents. En se souvenant des principes qui régissent la médecine homéopathique, cela ne doit plus vous paraître étrange. Vous remarquerez plus loin qu'il existe aussi des remèdes qui sont prescrits plus souvent que d'autres et cela, justement parce qu'ils peuvent convenir à un grand nombre de symptômes. Ces remèdes ont déjà été indiqués pour certains troubles digestifs comme médicaments de premier choix; nous vous les rappelons pour qu'ils ne manquent pas dans votre pharmacie d'urgence: NUX VOMICA, BRYONIA, LYCOPODIUM, ARSENICUM ALBUM.

MEMBRES ET ARTICULATIONS

Douleurs

- Rhus Toxicodendron 4 CH.

- Bryonia 4 CH.

Les douleurs articulaires, qui peuvent atteindre aussi bien les petites que les grosses articulations, causées par l'inflammation des tissus formant l'articulation (arthrites et rhumatismes) ou par une dégénération des tissus mêmes (arthroses) sont parmi les symptômes les plus connus et les plus répandus. Il semble prouvé que l'arthrose puisse se manifester dès l'adolescence, se présentant ensuite avec des caractéristiques de périodicité et de gravité plus ou moins prononcées dans le courant de la vie. Les symptômes les plus fréquemment signalés sont la douleur, l'impuissance fonctionnelle (c'est-à-dire la difficulté ou l'impossibilité d'accomplir certains mouvements) et, tout aussi souvent, le gonflement (œdème) des articulations (qui apparaît surtout dans les maladies rhumatismales proprement dites). Voilà pourquoi nous avons placé au début de ce chapitre deux remèdes homéopathiques indiqués pour les capsules articulaires et les membranes siéreuses des membres (bras et jambes), des mains et des pieds. L'un de ces remèdes, le Rhus, apporte un soulagement au patient lorsqu'il est associé à un mouvement c'est-à-dire que le patient sent que ses muscles et ses articulations fonctionnent convenablement (et sans douleur) après les avoir échauffés. Tout au contraire, BRYONIA n'agit que lorsque la région souffrante est immobilisée et comprimée.

Ce qui vient d'être dit est généralement valable pour toutes les douleurs d'origine "rhumatismale"; il faut remarquer que plusieurs douleurs semblables n'apparaissent qu'à certaines saisons, ou en présence de conditions atmosphériques et climatiques déterminées (surtout par temps humide et froid). Le symptôme devra alors être guéri en associant aux deux remèdes déjà indiqués:

● DULCAMARA 5 CH (humidité),

remède spécifique pour les rhumatismes qui font leur apparition après un séjour dans un milieu humide ou par temps pluvieux et froid.

Si, en revanche, la douleur apparaît systématiquement lors des changements de conditions atmosphériques (vent, pluie, orages), on absorbera:

● RHODODENDRON 5 CH (baromètre).

Lorsque l'articulation est rouge et gonflée, et que la peau est douloureuse au toucher (signes d'un rhumatisme articulaire aigu), on tirera avantage de:

● APIS 4 CH (gonflement, œdème)

qu'il faudra prendre plusieurs fois par jour jusqu'à disparition de la tuméfaction douloureuse et de l'inflammation.

Pour les douleurs articulaires il est aussi possible de donner quelques règles d'hygiène de vie destinées à prévenir la manifestation de troubles arthrosiques, l'apparition de complications douloureuses ou l'incapacité plus ou moins accentuée de bouger un membre.

Avant tout, encore une fois, il faut souligner l'importance de l'alimentation, dont le rôle est souvent fondamental dans la manifestation d'un arthritisme. On sait très bien, en effet, combien ces troubles sont plus répandus parmi les populations dont le régime alimentaire est riche en aliments producteurs de "scories azotées" qui ne sont autres que les produits de transformation dans l'organisme des protéines d'origine animale. La viande semble donc être la responsable la plus importante (surtout après un certain âge) de l'apparition de ces troubles et en particulier de la maladie connue sous le nom de "goutte", caractérisée par l'accumulation d'acide urique dans les articulations (fréquente dans celle du gros orteil).

Un autre facteur important parmi les causes du rhumatisme est l'humidité, nuisible surtout pour ceux qui sont obligés de travailler dans des milieux peu exposés au soleil, ou peu réchauffés, ou avec les mains dans l'eau (les ménagères en savent quelque chose...). Dans ce dernier cas, il va de soi que la prévention consiste en une transformation adéquate des milieux dans lesquels l'on doit séjourner, et en l'utilisation de précautions si l'on doit garder longtemps les mains plongées dans l'eau (eau tiède, gants en caoutchouc, etc.).

Douleurs lombaires et au dos

Nous avons sur le dos une longue série d'articulations qui peuvent être frappées globalement, ou en partie, par des processus inflammatoires et dégénératifs extrêmement douloureux. Ces articulations sont constituées par les apophyses articulaires des vertèbres, c'est-à-dire ces os qui forment la "colonne vertébrale".

Les indications pour une thérapie homéopathique concernant cette région du corps ne peuvent évidemment pas varier par rapport à celles qui ont déjà été fournies pour les articulations en général. Rappelons seulement, dans un but exhaustif, un petit remède utile en cas de torticolis:

● LACHNANTES 4 CH (muscles de la nuque)

qui peut être un bon adjuvant en cas d'arthrose cervicale avec rigidité et contraction des muscles de la nuque.

Il est important de rappeler qu'une position correcte de la colonne vertébrale est déterminante si l'on veut éviter des troubles articulaires non seulement à son niveau, mais aussi dans des régions du corps qui en dépendent directement. En effet, la plupart des nerfs du corps humain prennent naissance dans la moelle qui est contenue et protégée dans la colonne vertébrale. Ainsi, la compression d'un nerf dans des structures osseuses atteintes de processus dégénératifs ou inflammatoires peut-elle conduire à l'augmentation, ou la diminution, de la sensibilité (et de la douleur) dans une région très vaste (qui est celle desservie par le nerf en question).

Plusieurs personnes sont affligées de douleurs aux membres supérieurs ou inférieurs qui ne prennent pas naissance dans le membre souffrant, mais qui sont causées par l'irritation du nerf en son point d'émergence dans la colonne vertébrale. La plus connue de ces manifestations douloureuses est très certainement la *sciatique* (ainsi dénommée parce que le nerf irrité est le nerf "sciatique" qui part de la colonne vertébrale à la hauteur des lombes), pour laquelle pourront être très utiles deux remèdes déjà indiqués (BRYONIA ou RHUS) à choisir en fonction des symptômes. De même, les sensations de fourmillement ou d'engourdissement d'une partie du bras ou de la main, peuvent-elles êtres causées par une arthrose des vertèbres cervicales d'où partent plusieurs nerfs qui "desservent" le bras et la main. Cela pour vous dire qu'en présence d'un seul symptôme il est parfois difficile de donner une indication thérapeutique précise et qu'il est indispensable d'en connaître parfaitement la cause et les origines si l'on veut le supprimer radicalement.

Que peut-on faire pour remédier, ou prévenir, les inconvénients dont nous venons de parler?

Nous avons dit qu'il fallait faire attention à la position de la colonne vertébrale: cela signifie qu'il faut, avant tout, et dès le plus jeune âge, éviter les attitudes viciées afin d'empêcher les scolioses de l'âge scolaire qui sont tellement répandues. Il faut pour cela répartir le poids du corps de manière équilibrée sur les hanches ou sur les jambes. Il faut aussi garder le dos en "activité" par des mouvements corrects, harmonieux et coordonnés, que toute bonne méthode de gymnastique peut enseigner. C'est un lieu commun que de penser que le mouvement est nuisible dans le cas de certaines formes d'arthrose, surtout après un certain âge. Certes, le mouvement doit être contrôlé, mais il sera très utile pour préserver notre organisme d'une vieillesse forcément sédentaire. Tâchons aussi de corriger notre façon de marcher, de monter les escaliers, de nous asseoir, ou de soulever un poids. Et souvenons-nous, pour terminer, que les douleurs d'origine articulaire, musculaire, osseuse ou nerveuse se trouveront fortement atténuées par l'application d'une autre pratique thérapeutique non officielle, mais désormais presque universellement reconnue, et en parfait accord avec les principes homéopathiques: l'*acupuncture*, méthode très utile dans ces cas, qui permet d'obtenir des résultats rapides et durables.

Fractures et contusions

Les indications que l'on peut fournir en cas de fractures ne concerneront que les remèdes capables d'atténuer les conséquences d'un tel incident et d'en accélérer la guérison (en favorisant la rapide consolidation de l'os):

● ARNICA 5 CH (traumatismes).

C'est le remède principal pour toutes les contusions et, en général, les traumatismes. Il sera d'ailleurs aussi indiqué dans les cas de traumatismes d'origine psychique (naturellement à haute dilution).

Lorsqu'un traumatisme musculaire est évident, l'ARNICA pourra être alternée avec:

● RUTA 5 CH (muscles et tendons).

Si l'on désire obtenir un processus accéléré de consolidation de l'os au niveau de la fracture, on devra utiliser pendant long-temps:

● CALCAREA FLUORICA 5 CH (os).

Ces remèdes doivent être pris tous les jours, ou plusieurs fois par jour, sitôt le traumatisme subi (doses: trois granules).

BOUCHE ET DENTS

La bouche, avec tout ce qu'elle contient, est un miroir des conditions de l'organisme. Vous aurez certainement déjà remarqué qu'au cours de sa visite, le médecin examine toujours la bouche de son patient en lui faisant tirer la langue (dont il observe la forme, la couleur et les caractéristiques de la surface); il regarde la gorge (amygdales, pharynx, et larynx) et les caractéristiques des muqueuses revêtant toute la cavité orale et les lèvres. En fait, les maladies prenant origine dans la bouche, ou qui y sont présentes, peuvent être très nombreuses.

Et que dire des dents? Bien rares sont les personnes qui n'ont jamais souffert des dents.

Pour l'homéopathie, c'est logique, tout ce qui se passe dans la bouche peut être le signe d'un symptôme important pour le choix du remède "similaire". Tâchons donc d'identifier quelques-uns de ces symptômes, en commençant par les lèvres.

Lèvres

Vous avez les lèvres sèches, gercées, qui se crevassent?

● NATRUM MURIATICUM 5 CH.

C'est votre remède. Nous en avons déjà parlé au début de cet ouvrage: c'est simplement du sel de cuisine. Ou bien, si les gerçures sont profondes, au point qu'elles saignent, et en particulier aux angles de la bouche prenez:

● Nitri Acidum 5 CH.

Langue

Nous vous avons déjà rappelé combien cet organe est important aux yeux du médecin qui effectue une auscultation minutieuse de son patient. La couleur, l'humidité, les caractéristiques de la forme de la langue peuvent fournir de précieuses informations. L'importance du symptôme "langue chargée" (présence d'une couche pâteuse et blanchâtre ou d'une autre couleur sur la surface linguale) est bien connue.

Chacun sait que ce peut être la preuve d'une mauvaise digestion, ou, comme on dit, d'une "indigestion". Nous avons déjà parlé du remède à utiliser dans ce cas, dans le chapitre sur l'appareil digestif:

● Antimonium Crudum 4 CH (langue chargée et blanchâtre),

à prendre deux fois par jour, après les principaux repas (rappelez-vous: au moins une heure après le repas, bouche propre).

Autre caractéristique que peut présenter la langue: elle peut être volumineuse ou grossie, et par conséquent conserver sur ses bords l'empreinte des dents. Cela peut être aussi une indication d'un trouble général de l'organisme ou, plus particulièrement, celui d'un désordre au niveau de la cavité orale; le remède est alors:

● Mercurius Solubilis (langue avec empreinte des dents).

Si, en revanche, vous remarquez que la langue a un aspect genre "carte géographique", c'est-à-dire qu'elle comporte des sillons assez profonds délimitant des zones normales et des zones jaunâtres ou blanches, vous pourrez pallier cet inconvénient par l'usage de:

● NATRUM MURIATICUM (langue genre "carte géographique").

Pour ces deux derniers remèdes, les dilutions pourront être une 4 CH ou une 5 CH, selon que l'aspect de la langue est apparu depuis peu (4 CH), ou depuis longtemps (5 CH). La répétition de la dose suivra les règles que nous avons indiquées au début de cet ouvrage (plusieurs fois par jour dans les cas très aigus; une fois par jour ou un jour sur deux dans les autres cas). Rappelons enfin que durant un traitement prolongé à base d'antibiotiques ou de médicaments chimiothérapiques, on observe souvent un aspect caractéristique de la langue dû à une condition d'avitaminose causée par l'action des médicaments mêmes. La langue se présente alors avec une modification particulière de sa surface (l'épithélium qui la recouvre): elle est lisse, privée de ses petites protubérances et rugosités habituelles, et souvent aussi très rougie. Il est évident que, dans ce cas, il faudra d'abord éliminer la cause du trouble par un apport alimentaire riche en vitamines (surtout du type B) ou, dans la pire des hypothèses, par l'ajout de préparations vitaminées, dont l'homéopathie reconnaît l'importance dans certains cas. Un excellent remède révulsif et anti-inflammatoire est:

● CALENDULA T.M. (inflammations),

opportunément diluée: une cuillerée dans un verre d'eau prébouillie pourra être utilisée en guise de collutoire (avec lequel on se rincera la bouche plusieurs fois par jour).

Bouche

● PLANTAGO T.M. (inflammation de la bouche)

● CALENDULA T.M.

Dans les inflammations de la cavité orale en général, comme indiqué ci-avant pour l'inflammation de la langue due à l'absorption d'antibiotiques, les deux remèdes PLANTAGO T.M. et CALENDULA T.M. devront être dilués (dans ce cas, dix ou quinze gouttes de l'un et de l'autre ensemble dans un verre d'eau pré-bouillie) pour être utilisés en rinçages, gargarismes ou badigeonnements (même purs) sur les zones atteintes (aphtes, "fièvres", etc.).

Un remède qui peut être utilisé sous forme de granules, et qui agira donc plus profondément est:

● BORAX 5 CH (aphtes).

Un problème lié souvent indirectement à la cavité orale (à cause d'une mauvaise hygiène), ou directement (dans le cas d'affections diverses) est la "mauvaise haleine". Il faut toujours reconnaître les causes possibles de ce symptôme, qui peuvent dépendre d'une dent non soignée, d'une digestion défectueuse, ou même d'une maladie pulmonaire (que probablement, seul votre médecin pourra diagnostiquer). Il est aussi fréquent d'avoir une mauvaise haleine lorsque l'on se trouve dans des situations demandant une tension nerveuse particulière, ou une forte pression émotive; dans ces cas, les remèdes devront être choisis parmi ceux qui sont indiqués dans les chapitres traitant de la nervosité et de l'émotivité.

Dans tous les cas, l'homéopathie conseille:

● MERCURIUS SOLUBILIS (mauvaise haleine),

à dilutions différentes selon que le symptôme se présente de manière aiguë et inhabituelle ou de façon constante.

En parlant de la bouche, il faut aussi faire une remarque à propos d'un autre symptôme fréquent dont la cause est, le plus souvent, à rechercher dans un mauvais fonctionnement du foie: il s'agit d'une sensation gustative particulière: comme si la bouche était "amère", le matin au réveil (en particulier), ou bien en mangeant. Le remède est:

● CHINA 5 CH (goût amer en bouche),

tous les matins, au réveil: trois granules.

Dents et gencives

Il devrait être utile d'insister sur l'importance d'une bonne hygiène de la bouche et des dents; et pourtant, malgré les conseils, toujours répétés, sur le brossage des dents et l'utilisation de tous les produits préventifs, les caries sont toujours à l'ordre du jour.

On se demandera si l'homéopathie est pour ou contre l'usage du fluor et des préparations fluorées, considérées comme indispensable dans la prévention de la carie dentaire. En principe, il faut répondre qu'elle n'y est pas favorable, de même qu'elle est contre l'usage de pâtes dentifrices contenant de la menthe ou du menthol. Nous avons déjà vu, en effet, que ces substances sont contre-indiquées durant un traitement homéopathique car elles contrecarrent la plupart des effets des remèdes homéopathiques. On pourra alors acheter dans les pharmacies vendant des produits homéopathiques des dentifrices et des produits pour l'hygiène de la bouche ne contenant ni menthe ni autres substances pouvant nuire aux effets des remèdes. Rappelons en outre qu'une véritable prévention des caries ne s'obtient que grâce à une hygiène de la cavité orale correcte et continue, qui devra toujours être effectuée après avoir mangé, surtout des sucreries (rincez-vous au moins la bouche avec l'eau du robinet!).

Etant entendu qu'une visite chez votre dentiste sera toujours indispensable en cas de mal de dents ou de carie dentaire, l'homéopathie peut mettre à votre disposition quelques remèdes efficaces et inoffensifs à utiliser en attendant l'intervention du dentiste. Par exemple, un excellent remède pour les maux de dents chez les enfants et les adultes est:

● CHAMOMILLA 4 CH,

surtout si le mal de dents s'atténue lorsque l'on applique une compresse chaude et s'aggrave si vous parlez, tandis que:

● COFFEA 4 CH

est plus indiqué si la douleur diminue lorsque vous appliquez une compresse froide sur la dent souffrante ou la zone contiguë. Les *gencives* souffrantes ou enflammées peuvent être soignées par l'application (au moyen d'un morceau de coton) de:

● PLANTAGO T.M. (gencives souffrantes)

qui, comme nous l'avons déjà dit, est également utile pour se rincer la bouche lorsqu'il est dilué.

Il est assez fréquent d'observer un saignement des gencives, surtout après le brossage des dents. Ce symptôme peut être plus fréquent au début de l'hiver, lorsque les défenses de l'organisme ne sont pas encore préparées à affronter la saison froide ou quand on souffre de modestes carences en vitamines (dans ce cas de vitamine C). La nature pallie cet inconvénient en fournissant, justement en hiver, des fruits très riches en vitamines C: oranges et mandarines, que nous vous conseillons de consommer (de préférence pressées) dans un but préventif aussi bien que curatif. Dans tous les cas, les personnes sujettes au saignement des gencives pourront se soigner avec:

● PHOSPHORUS 5 CH (gencives qui saignent).

trois granules tous les jours.

Si vous avez la malchance d'observer une enflure se développant sur la joue, avec le rougissement d'une partie de la cavité orale, et que cela est accompagné, ou précédé d'une douleur, il est très probable qu'il s'agit d'une forme d'*abcès*. Il faudra faire très attention à ces foyers se développant généralement autour ou sous la dent, car ils représentent souvent une source inexorable d'infection pouvant se propager dans tout l'organisme. En attendant votre rendez-vous de dentiste, (absolument indispensable), prenez:

● PYROGENIUM 9 CH DOSE (abcès).

Voilà une nouvelle dilution à prendre en une dose unique: tout le contenu du tube doit être absorbé en une seule fois pendant la journée, en le laissant fondre dans la bouche.
Il est important de savoir qu'un abcès doit trouver une voie d'issue (drainage) sans quoi il doit être percé, ou ouvert chirurgicalement et que, dans le cas de danger de diffusion des germes dans l'organisme, on devra avoir recours aux antibiotiques.
Si cette dernière nécessité devait se rendre indispensable, souvenez-vous de prendre, après la guérison, le remède le plus adapté en cas d'intoxications par médicaments:

● NUX VOMICA 5 CH,

trois granules deux fois par jour, au milieu de la matinée et au milieu de l'après-midi, au moins pendant huit jours. Votre organisme sera ainsi plus facilement "dépuré" des scories nuisibles des médicaments, et plus vite prêt à commencer, ou reprendre, un traitement homéopathique.

Gorge

La gorge est une partie de notre organisme facile à examiner, non seulement pour un médecin, mais aussi pour un profane. On ne sait pas toujours qu'elle se compose de trois parties importantes, toutes trois sièges potentiels de processus inflammatoires de diverses natures: une zone antérieure (vers la langue) où se trouvent les protubérances connues de tous sous le nom d'"amygdales", une zone intermédiaire plus en arrière (derrière la luette) qui s'appelle "pharynx" et, pour terminer, une zone moins visible et moins accessible pour le profane, le "larynx", contigu et placé directement sous le pharynx. Lorsque l'on parle de "mal à la gorge", il est important de savoir laquelle de ces trois parties est touchée par le processus douloureux et inflammatoire.

AMYGDALES

Nous répondrons avant tout à une question que beaucoup se posent probablement: l'homéopathie conseille-t-elle, ou non, l'ablation des amygdales? Nous avons déjà vu que, en accord et en harmonie avec les lois naturelles immuables, l'homéopathie tend à être "conservatrice", mais certainement pas de manière irrationnelle, ou à outrance. La nature nous a fourni des organes qui, sans exclusion, ont un rôle précis, toujours important dans l'équilibre de l'organisme et dans le rapport santé-maladie. Ainsi, les amygdales, véritables sentinelles des voies respiratoires et de l'arrière-bouche ne doivent-elles pas être enlevées si ce n'est dans des cas exceptionnels, par exemple lorsqu'on y observe de fréquents abcès malgré les thérapies, ou lorsqu'elles représentent une cause concomitante certaine dans un cas de rhumatisme articulaire aigu.

Ceux qui pratiquent l'homéopathie ont appris à contrôler et prévenir les infections tonsillaires répétées par des remèdes adéquats. Cela doit évidemment être fait pour prévenir, ou dès la première apparition de la symptomatologie, par des contrôles médicaux périodiques, et en n'oubliant pas, au moment du choix du remède, le principe homéopathique de similitude. Toutefois, si l'amygdalite s'est déjà manifestée, prenez, dans tous les cas:

● MERCURIUS SOLUBILIS 4 CH (amygdalite).

MERCURIUS vous sera indiqué et recommandé plusieurs fois dans cet ouvrage et c'est donc un remède indispensable dans une petite pharmacie d'urgence. Associez-le en l'alternant toutes les deux heures ou plus selon l'évolution du trouble et en fonction des symptômes avec:

● BELLADONNA 4 CH (rubéfaction très vive)

et, selon que l'amygdale droite ou l'amygdale gauche est plus atteinte:

● LYCOPODIUM (amygdale droite),

● LACHESIS (amygdale gauche).

En cas de grossissement généralisé des végétations tonsillaires et adénoïdes, l'homéopathie a constaté l'efficacité d'un "complexe" particulier, c'est-à-dire un remède composé de plusieurs remèdes simples regroupés sur un même support (le granule de lactose). Cela n'est pas tout à fait en accord avec la pratique hahnemannienne orthodoxe, qui prescrit le remède "unique" et le "plus similaire" au symptôme, mais la recherche pharmacologique a conduit (même dans le domaine homéopathique) à l'expérimentation dans la pratique clinique de ces composés dont peu, toutefois, sont acceptés par les homéopathes les plus intransigeants.

Citons les plus reconnus:

● AESTUS P.C. (hypertrophie des végétations adénoïdes, amygdales, glandes),

préparé par un médecin français à partir des algues. Nous avons pu personnellement constater d'excellents résultats dans le traitement d'enfants dits "lymphatiques" et dans les hypertrophies des végétations adénoïdes, après l'emploi de ce remède.

Le larynx, partie postérieure de la gorge, est plus fréquemment touché par des processus inflammatoires ou d'autre nature ("gorge rouge" ou "hyperhémique") lorsque, à sa porte, manquent ces fameuses gardiennes que sont les amygdales. Le pharynx peut toutefois, pour des raisons de contiguïté, être atteint par des phénomènes infectieux (malgré la présence des amygdales) lorsque ceux-ci prennent leur origine dans les cavités nasales ou para-nasales (rhumes, sinusites, etc.). Dans ces cas, en effet, le pharynx représente une véritable "autoroute" pour les microbes provenant du nez (le pharynx est dans la prolongation directe de celui-ci).

Du pharynx, ensuite, les microbes et infections peuvent ultérieurement avancer et descendre vers les premières voies aériennes (larynx et trachée) ou même vers les bronches et les poumons.

On peut obtenir une bonne désinfection préventive du pharynx et du larynx, ou faire cesser la congestion, en cas de "gorge rouge", avec:

● CALENDULA T.M. (inflammation)

qui, comme nous l'avons déjà vu, sera diluée pour en faire des gargarismes et pour se rincer la bouche en cas d'inflammation de la cavité orale. Si vous remarquez la présence de catarrhe très dense, qui se détache difficilement du pharynx, employez:

● HYDRASTIS 5 CH (catarrhe).

Lorsque la gêne au fond de la gorge est continue et qu'il vous semble sentir de petites piqûres ou une espèce de picotement:

● ARGENTUM NITRICUM 4 CH,

plusieurs fois dans la journée si vous en ressentez le besoin. Dans les laryngites (inflammations de la partie inférieure et basse de la gorge, là où se trouvent aussi les cordes vocales), on pourra utiliser les mêmes remèdes que ceux qui ont été indiqués pour la pharyngite. Ajoutons cependant un petit remède qui pourra être utile en cas d'extinction de voix:

● ARUM TRIPHYLLUM 4 CH.

Il est utile, enfin, de rappeler l'importance de la respiration dans les préventions des infections de la gorge. En effet, tout le monde sait que ce genre d'affections est plus répandu en hiver, lorsque l'air est plus sec et froid. Le vieux et très sage conseil: "Respirer par le nez" devient alors un vrai remède préventif.

ORGANES GENITAUX

Organes génitaux de la femme

L'appareil génital de la femme peut être atteint d'une grande variété de troubles dus aux fonctions complexes remplies par cet organe, si bien qu'une branche spécialisée de la médecine a été réservée aux maladies gynécologiques et inhérentes aux diverses phases de la procréation.

Le système de régulation des organes génitaux de la femme est étroitement lié à la production des hormones qui, périodiquement, sont mises en circulation dans l'organisme. Lorsque ces hormones sont produites dans une quantité différente de celle qui a été établie par la nature pour un fonctionnement correct des différents appareils, il apparaît divers symptômes allant des troubles de la menstruation, à des productions pathologiques de tissus, en passant par l'altération de certaines caractéristiques typiques du sexe.

Lorsque ces hormones ne sont plus produites, ou sont produites en quantité insuffisante (à cause de l'épuisement des organes sécréteurs), on assiste à l'interruption du cycle physiologique de la femme, mieux connue sous le nom de "ménopause".

Dans ce chapitre, nous tâcherons de prendre en considération les troubles les plus simples et les plus fréquents, sans nous aventurer dans des domaines étroitement spécialisés. La plupart des troubles connus et les plus répandus se rapportent d'ailleurs à la menstruation, surtout de nos jours où, avec l'introduction et l'usage toujours plus fréquent de préparations hormonales (pilules, anticonceptionnels, etc.) certaines conséquences nuisibles, trop souvent négligées, se sont présentées.

MENSTRUATIONS

La "menstruation", avec tous les symptômes qui l'accompagnent (faibles douleurs, odeur particulière des sécrétions, lourdeur au niveau du bas-ventre, changements d'humeur) est un phénomène typiquement féminin qui doit être accepté comme tel dans son entièreté. Et cela ne doit pas sembler une observation banale car il est bien prouvé que la plupart des troubles du cycle peuvent être regroupés sous la dénomination de "troubles psychosomatiques", c'est-à-dire des troubles dus à des influences d'origine psychologique. Une femme, qui "ne s'accepte pas" en général, offrira un terrain favorable au développement de troubles du cycle, de même la jeune fille qui n'a pas encore résolu ses problèmes d'identification par rapport au sexe, etc. Sachez seulement qu'il est souvent très difficile de comprendre soi-même le motif d'une absence prolongée des menstrues et que même votre médecin éprouvera des difficultés à percer le mur du silence dressé par votre inconscient. L'aide d'un psychothérapeute sera alors nécessaire.
Mais venons-en aux remèdes les plus utilisés:

● PULSATILLA 9 CH (flux des règles faible et troubles périodiques).

La PULSATILLA homéopathique est le grand remède féminin et est donc aussi utile pour les troubles de la menstruation, en particulier pour les femmes qui ont des règles toujours faibles, en retard, ou qui ont tendance à s'interrompre. Dans ce dernier cas, si la PULSATILLA n'est pas suffisamment efficace à elle seule, on pourra l'alterner avec:

● SENECIO 5 CH (menstrues qui s'interrompent).

Si, au contraire, les règles ont tendance à se présenter trop tôt, à être abondantes et à durer longtemps, le remède indiqué est:

● CHINA 5 CH (menstrues abondantes),

qui, comme nous l'avons déjà vu, est le principal remède conseillé en cas de pertes abondantes de liquides organiques, quelle que soit leur origine (diarrhée, transpiration, vomissement, sang).

Si, parmi toutes les caractéristiques indiquées ci-dessus, la plus importante est l'anticipation, la CHINA pourra utilement être alternée avec:

● ERYGERON 5 CH (règles anticipées).

Si, dès l'apparition des règles, il vous semble que plusieurs de vos symptômes s'aggravent, employez:

● ACTEA RACEMOSA 5 CH (lorsque tout s'aggrave avec l'arrivée des règles).

ACTEA est le remède le plus conseillé pour les ''dysménorrhées'' (douleurs menstruelles), autre symptôme très diffus, souvent difficile à évaluer et à traiter.

La *douleur menstruelle*, parfois tellement grave qu'elle en arrive à contraindre celle qui en souffre à rester alitée, est due aux causes les plus variées, mais ne dépend que rarement d'une véritable maladie, ou à un défaut des organes intéressés. Elle est plus fréquemment d'origine ''nerveuse'', ou ''psychologique''. Dans ces cas, outre les remèdes déjà indiqués, on pourra tirer avantage, selon la région où la douleur se manifeste, de:

● SENECIO (dos et épaules),

● LACHESIS (ovaire gauche),

● BELLADONNA (ovaire droit).

Si la douleur semble vraiment intolérable on pourra prendre:

● CHAMOMILLA 4 CH (douleur insupportable)

ainsi que les remèdes déjà signalés pour les douleurs abdominales, si les caractéristiques de la douleur le requièrent (voir paragraphe correspondant). Les dilutions les plus efficaces seront 4 CH, à prendre plusieurs fois par jour, en alternance avec des remèdes couvrant tous les symptômes, ou 5 CH pour des traitements plus longs une ou deux fois pendant la journée.

Un autre symptôme très fréquent pouvant soulever quelques préoccupations est l'apparition, entre une menstruation et l'autre, de *pertes* de divers types, couleurs, consistances, et odeurs. Les caractéristiques de ces sécrétions correspondent chacune à divers remèdes homéopathiques. Le plus souvent, ces manifestations doivent être considérées comme inoffensives, et être respectées, selon la philosophie homéopathique qui veut que l'organisme élimine par des "voies naturelles" toute substance toxique, ou tout produit pouvant éventuellement lui nuire.

D'autres fois, elles peuvent être l'indice d'irritations locales (dues par exemple à l'usage habituel de tampons hygiéniques), ou de la présence de colonies bactériennes (hôtes normaux dans la cavité vaginale) rendues virulentes par des phénomènes irritatifs, ou par des infections causées par des contacts sexuels. Dans ces derniers cas, il sera bon d'effectuer quelques analyses en laboratoire que votre gynécologue saura vous indiquer.

● PULSATILLA 5 CH (en cas de pertes jaunes non irritantes).

Nous avons déjà parlé de ce remède typiquement féminin. De par le principe de similitude, l'homéopathie dispose de remèdes typiquement masculins et de remèdes typiquement féminins, tout comme elle possède des remèdes de latéralité droite ou gauche. La PULSATILLA, très efficace dans le cas de sécrétions crémeuses et non irritantes, pourra, en cas de pertes irritantes et malodorantes, être remplacée par:

- **KREOSOTUM 5 CH** (en cas de pertes irritantes et malodorantes)

qui est naturellement utile dans tous les cas où se présentent des
sécrétions (sueur, urines, selles) à l'odeur fétide.

Inutile d'ajouter que lors de manifestations comme celles que
nous venons de décrire, une bonne hygiène des parties intéres-
sées (n'oubliez pas l'étroit contact des parties génitales avec selles et urine) sera des plus recommandées. Effectuez des injections en utilisant un bock. Pour cela, nous vous conseillons d'u-
tiliser un remède dont nous avons déjà parlé:

- **CALENDULA T.M.**

Faites dissoudre une cuillerée à café de CALENDULA T.M. dans
un litre d'eau que vous aurez préalablement fait bouillir; procé-
dez aux injections matin et soir. La CALENDULA (excellent dé-
congestionnant, antiseptique, désinfectant) existe aussi sous
forme d'ovules pour applications vaginales.

Les infections des organes génitaux féminins dues à un contact
sexuel sont très souvent du ressort de l'allopathie qui, au moyen
de médicaments chimiothérapiques et d'antibiotiques, pourra
les vaincre, surtout s'il y a aussi présence de bactéries tendant à
rendre le trouble chronique. Souvenez-vous aussi qu'il est indispensable de traiter en même temps que vous le partenaire po-
tentiel ou réel, porteur de charges bactériennes. Ensuite, comme
dans tous les cas où l'on est obligé d'avoir recours à l'allopathie, vous pourrez stabiliser les résultats obtenus et effectuer en
même temps un "drainage" de votre organisme au moyen de
remèdes homéopathiques.

De plus, il est important de rappeler qu'il faut accorder une attention particulière aux hémorragies apparaissant entre une
menstruation et l'autre, surtout si elles sont continues et répétées; il est par ailleurs indispensable de se soumettre régulièrement au contrôle d'un bon gynécologue (il existe aussi des gy-
nécologues homéopathes).

En cette période particulière de la vie de la femme, qui se produit généralement entre 45 et 50 ans, l'on observe quelques modifications du cycle menstruel qui finit par disparaître complètement. En même temps, il peut aussi se présenter divers symptômes, caractéristiques de l'âge, qui revêtent souvent des particularités désagréables et parfois même insupportables. Il s'agit de bouffées de chaleur, de transpirations abondantes et soudaines, de palpitations accompagnées ou non de céphalées, d'agitation et d'irritabilité.

● LACHESIS 5 CH (contre les bouffées de chaleur).

C'est le grand remède pour tous les troubles de la ménopause, que l'on pourra alterner efficacement, si céphalées, sensations de congestion et palpitations sont également présentes, avec:

● SANGUINARIA 4 CH (en cas de céphalée et de palpitations).

Souvenez-vous aussi d'un autre remède très important qui peut être considéré comme préventif des troubles concernant toutes les "transformations" se produisant dans l'organisme:

● THUYA 9 CH DOSE,

une fois par semaine pendant de longues périodes.
Pour tous les autres troubles, on se reportera au paragraphe correspondant.

SEINS

Nous ne nous occuperons ici que des troubles du sein (en évitant les symptômes propres à la femme enceinte ou qui allaite) et en particulier des douleurs et grossissements périodiques (presque toujours liés au cycle menstruel) et à quelques altérations du tissu glandulaire, de nature kystique, tout aussi fréquentes.

Pour ce qui est de la *douleur* et du *grossissement* des seins se produisant juste avant et après les menstrues, on peut les considérer comme relativement normaux et dus à la présence d'une plus grande quantité d'hormones dont dépend, justement, la manifestation du cycle menstruel. Cependant, si cette douleur devait vraiment devenir insupportable, le remède idéal sera:

● CONIUM MACULATUM 5 CH (en cas de douleurs aux seins).

Pour la présence sur les seins de nombreuses petites formations arrondies, il faut faire une distinction entre les nodosités qui apparaissent juste avant les règles et celles qui persistent avec les mêmes caractéristiques une fois le flux menstruel écoulé. Dans le premier cas, il pourrait s'agir d'une innocente "mastopathie" qui peut cependant parfois se transformer en un véritable abcès. Dans ce cas, le remède est:

● HEPAR SULFUR 5 CH (abcès au sein),

à alterner avec CONIUM 5 CH que nous venons de citer, ou alors, aussi bien dans un but préventif que curatif:

● THUYA 5 CH (nodosités),

surtout efficace pour lutter contre les durcissements ou les nodosités pouvant apparaître sur le sein pendant la ménopause ou à un âge avancé.
Dans tous les cas de nodosités au sein (les précautions ne sont jamais trop nombreuses), consultez sans hésiter votre médecin ou votre gynécologue.

Organes génitaux de l'homme

La pathologie des organes génitaux de l'homme est moins complexe puisqu'ils ne sont sujets qu'à des inflammations locales, le plus fréquemment d'origine sexuelle, si l'on exclut les troubles de la prostate apparaissant généralement à un âge avancé, ou ceux des testicules, très certainement plus sérieux. Les affections relatives aux troubles urinaires seront traitées dans un autre chapitre.

PROSTATE

L'inflammation, puis le grossissement (hypertrophie) de la prostate peuvent causer des symptômes très désagréables, allant de la douleur avec sensation de poids dans la zone comprise entre l'anus et les testicules, à la difficulté d'uriner.

● CONIUM MACULATUM 4 CH (prostatite),

● SABAL SERRULATA 4 CH (prostatite)

pourront être pris alternativement dans les cas les plus aigus, associés à un régime alimentaire approprié (sans aliments irritants ou trop riches).
Des bains d'eau tiède, renouvelés plusieurs fois par jour, pourront soulager.
En cas d'hypertrophie de la prostate déjà manifeste et stabilisée ou pire, en cas d'adénome (une forme de tumeur bénigne), la médecine homéopathique ne pourra être que préventive, ou légèrement curative, avec:

● THUYA 9 CH DOSE (hypertrophie),

à prendre une ou deux fois par semaine pendant de longues périodes. Une visite chez l'urologue est quand même toujours conseillée dès l'apparition des premiers signes d'un trouble à la prostate (douleur ou difficulté à uriner).

URETRE

L'urètre est un canal qui met en communication la vessie et

l'extérieur, et par lequel passent les urines, les sécrétions prostatiques et spermatiques. Il est souvent atteint par des inflammations (urétrites) dont les plus fréquentes sont d'origine sexuelle. Comme on le disait à propos des troubles pathologiques semblables chez la femme, ces troubles nécessitent un traitement allopathique par antibiotiques spécifiques en mesure de les guérir rapidement. Les symptômes seront bien atténués par un traitement homéopathique comprenant comme remède principal:

● CANNABIS SATIVA 5 CH (urétrites non spécifiques),

utile pour guérir toutes les inflammations de l'urètre lorsqu'il n'y a pas présence de bactéries.

TESTICULES

En cas de troubles aux testicules, une visite chez le médecin est indispensable.

CŒUR ET CIRCULATION DU SANG

Les maladies du cœur et de la circulation du sang sont parmi les affections les plus graves et les plus fréquentes, et elles sont très certainement destinées à augmenter si le "progrès" nous conduit à améliorer notre "bien-être". Nous voulons ici parler de ce type de bien-être, encore peu répandu à l'époque du fondateur de l'homéopathie, relatif à la possibilité d'acheter toujours plus de biens de consommation. Cela conduit souvent à de mauvais choix de vie, à des conditions déterminantes pour le développement des maladies cardio-circulatoires.

L'exemple le plus typique est celui du "manager", directeur d'entreprise, perpétuellement assis derrière son bureau, allumant cigarette sur cigarette, accablé de mille préoccupations de tous genres, irritable, dévoreur d'aliments très riches, qui se "remonte" avec du café ou des boissons alcoolisées, qui dort peu pendant la nuit et qui a complètement abandonné toute activité physique. Nous avons peut-être exagéré quelque peu ce portrait, mais de nombreuses personnes se reconnaîtront sans doute sinon dans toutes, du moins dans quelques-unes de ces mauvaises habitudes dont le type homéopathique correspondant (semblable) est: Nux Vomica, comme nous l'avons vu dans le chapitre sur les troubles abdominaux, ou bien Argentum Nitricum et Antimonium Crudum, si ce sont les caractéristiques typiques de ces remèdes qui prévalent (irritabilité et agitation, tendance à grossir et manger copieusement, etc.).

Il est certain que le "manager" (ou l'individu atteint de tels troubles) tirera profit de l'utilisation de ces remèdes; mais rappelons-nous que notre but consiste non seulement à soigner le symptôme mais aussi à le guérir définitivement car autrement, il réapparaîtra tôt ou tard sous une forme toujours plus sournoise et difficile à traiter. Et alors? Et alors revenons-en au "bon sens" et tenons compte de quelques règles élémentaires qui pourront nous éviter l'infarctus ou tout autre trouble de la circulation du sang (par exemple l'hypertension artérielle).

1. Suivre un régime alimentaire contrôlé (réduire avant tout la quantité de nourriture et, en même temps, en vérifier la qualité: faire un usage modéré de sel, éviter les aliments riches en cholestérol comme le beurre, la crème fraîche, le chocolat, le gruyère, le cacao, la viande de bétail jeune, le jaune d'œuf, etc.). Supprimer ou réduire le tabac et l'alcool.
2. Mener une vie moins agitée et moins tendue, éviter les chocs émotifs répétés.
3. Pratiquer une activité physique modérée et régulière.

Mais souvenez-vous aussi qu'un excès de zèle serait tout aussi nocif. Il n'y a rien de plus sage et de plus rationnel que de s'en tenir au vieil adage de l'Ecole de Salerne: "Activité physique douce et repas modérés".

Palpitations

● SPIGELIA 4 CH (douleurs et palpitations).

Nous avons déjà fait allusion à l'existence, dans la pharmacopée homéopathique, de remèdes typiquement féminins et de remèdes typiquement masculins, droits ou gauches, déterminés selon les résultats d'expérimentations sur des individus sains. La SPIGELIA est justement un remède agissant principalement sur le côté gauche du corps. Il est donc utile non seulement pour les troubles et douleurs cardiaques, mais aussi, par exemple, pour les névralgies ou les céphalées localisées au-dessus de l'œil gauche.

Il faut ajouter que les palpitations (battements de cœur plus sensibles et plus rapides qu'à l'accoutumée) peuvent être "physiologiques", c'est-à-dire "normales", comme par exemple après un effort, une activité physique contraignante, ou une émotion. Dans ce cas, elles s'en vont lentement, comme elles sont arrivées.

Les palpitations qui tendent à continuer plus longtemps sont moins innocentes, et il vaut mieux s'adresser alors au médecin. De même, une visite est conseillée en cas d'*arythmie* (altération de la fréquence normale des battements du cœur). Si après des examens et des analyses approfondis (électro-cardiogramme compris), elles devaient apparaître comme inoffensives et dues à une irritabilité particulière du cœur (par exemple à cause d'une consommation exagérée de café, du tabac, etc.), soignez-vous en réduisant ou éliminant les substances irritantes et prenez (en l'alternant avec SPIGELIA):

● GELSEMIUM 5 CH (éréthisme cardiaque),

bon remède pour les personnes émotives et timides ayant des crises dépressives fréquentes. Ou bien prenez:

● IGNATIA 5 CH (neurasthénie),

autre remède plus typiquement féminin à choisir lorsque les troubles nerveux prédominent. En résumé, pour ce type de symptômes, les hommes préféreront GELSEMIUM 5 CH et les femmes IGNATIA 5 CH.

Pression artérielle

Ce qui préoccupe le plus lorsque l'on parle de pression artérielle c'est la présence de valeurs supérieures à la normale, c'est-à-dire de ce que l'on appelle un cas d'"hypertension". Celui-ci mérite d'ailleurs plus d'attention qu'une hypotension (pression artérielle plus basse que la normale). En vérité, il n'est pas faux de penser qu'une vie meilleure et probablement aussi plus longue puisse dépendre, entre autres, d'artères en bon état, condition qui, justement, se vérifie plus facilement lorsque la pression est normale, ou légèrement inférieure.

Les conseils que l'on peut donner à ce propos sont exactement les mêmes que ceux qui ont été donnés au début de ce chapitre. Une bonne élasticité des artères, des parois artérielles propres (c'est-à-dire sans dépôts arthéromateux) et, par conséquent, un bon flux sanguin avec une bonne irrigation des tissus, peuvent s'obtenir grâce aux conditions hygiéniques et alimentaires décrites ci-dessus. Malgré tout, il peut quand même arriver que la pression artérielle soit trop élevée et qu'elle provoque quelques troubles. Il sera alors nécessaire de se rendre chez le médecin qui en établira les causes et prescrira les remèdes les plus opportuns. Rappelez-vous cependant qu'une hausse graduelle de la pression artérielle (surtout maximale) doit être considérée comme normale après un certain âge. Pour éviter les conséquences d'une pression artérielle trop élevée, utilisez:

● SULFUR 5 CH (hypertension),

deux fois par jour pendant une longue période, en l'alternant avec:

● BARYTA CARBONICA 9 CH DOSE (artériosclérose),

une dose une fois par semaine pendant quelques mois; rappelez-vous aussi que, dans les troubles circulatoires, une alimentation riche en graisses et sel sera des plus nocives. Dans le cas d'une pression artérielle trop élevée, le sel devra être complètement éliminé.

MUSCLES

Douleurs

● ARNICA 5 CH (douleurs musculaires).

L'ARNICA est un remède de premier choix pour toutes les douleurs d'origine musculaire, qu'elles soient dues à un traumatisme (coups, contusions, entorses) ou à un effort physique (exercices ou travail prolongés, gymnastique, etc.). On pourra également utiliser, en l'alternant avec ARNICA, comme nous l'avons vu dans le cas des traumatismes osseux:

● RUTA 4 CH (traumatismes et fatigue).

Les douleurs répandues dans toute la musculature durant une affection grippale sont d'une autre origine et devront être traitées selon les indications fournies au chapitre correspondant.

Crampes

La "crampe" est une contraction douloureuse d'un muscle pouvant être due à diverses causes dont la plus fréquente est un trouble de l'irrigation (circulation) du sang ou la fatigue. La région la plus souvent atteinte est le mollet.

● CUPRUM 4 CH (crampes musculaires)

soigne les crampes et les contractions indépendantes de la volonté (il fonctionne sur certaines "crampes" gastriques).

PEAU

Pour la médecine homéopathique, la peau représente un domaine d'application idéal et apporte de grandes satisfactions
thérapeutiques; de plus, cette très vaste partie du corps est pour
l'homéopathie une source d'informations détaillées extrêmement utiles quant au déroulement et à la guérison de plusieurs
maladies. En effet, les médecins homéopathes connaissent bien
la loi de Hering, du nom de celui qui l'a découverte, selon laquelle la guérison se produit de bas en haut et de l'intérieur vers
l'extérieur; cela signifie, par exemple, que la guérison d'une maladie de la peau due à un trouble hépatique sera le signe certain
de la guérison de ce trouble même. Au contraire, une maladie
de la peau présentant des aggravations et des rémissions périodiques dénoncera la présence d'une maladie plus profonde qui
n'a pas été guérie, à laquelle il faudra accorder la plus grande
attention.

De toute façon, l'effet des remèdes homéopathiques sur les
troubles dermatologiques peut être vraiment spectaculaire, et
c'est bien là ce qui a le plus souvent convaincu les sceptiques,
médecins ou non, à s'intéresser à l'homéopathie.

La peau doit être considérée comme un "organe" très complexe
du corps humain, celui qui est le plus étroitement en contact
avec le milieu extérieur dont il pourra subir l'influence, présentant dans ses maladies des caractéristiques (symptômes) qui
pourront être semblables aussi bien dans les maladies dues à

des causes externes (**exogènes**) qu'à des agents internes (**endo-gènes**).

Etant donné l'énorme pathologie intéressant cet organe, notre développement sur le sujet sera forcément limité.

Allergies

Bien qu'en vérité les maladies allergiques de la peau ne soient pas des plus fréquentes, il n'en reste pas moins que la plupart des personnes attribuent souvent à une "allergie" l'apparition de phénomènes insolites sur la peau.

Pour choisir correctement le remède homéopathique approprié, il sera donc nécessaire de ne pas tout imputer à une "allergie", mais d'enquêter afin d'isoler les véritables causes de l'état inhabituel de la peau. Naturellement, les allergies existent, et lorsqu'elles sont réelles, il faut avant tout éliminer le facteur qui en est à l'origine (par exemple l'aliment qui peut avoir provoqué le trouble: fraises, crustacés ou autres; ou bien, s'il s'agit de la peau des mains, certains savons ou détersifs, avec lesquels on évitera tout contact en utilisant des gants en caoutchouc); puis il faut remédier à la présence de symptômes éventuels et les prévenir par l'usage des produits homéopathiques les plus indiqués qui sont aussi nombreux que les causes des allergies. Comment alors s'orienter pour choisir? Voyons d'abord certaines distinctions entre les causes des allergies et les éventuels symptômes. Une allergie peut être provoquée par des substances:

a) inhalées (qui provoquent rarement des troubles dermatologiques);

b) ingérées (médicaments ou aliments qu'il faudra naturellement éviter à l'avenir. Pour les symptômes, voir "Urticaire" et "Appareil digestif");

c) avec lesquelles il y a eu contact direct (produits de beauté, savons, poudres détersives. Pour les symptômes, voir "Eczéma");

d) injectées (sérums et vaccins; piqûres d'insectes);

e) endogènes (froid, chaleur, soleil. Pour les symptômes, voir "Erythème").

Eczéma et urticaire

Urticaire et eczéma ne sont pas semblables mais ils peuvent présenter des symptômes similaires qui sont ceux qui nous intéressent pour choisir le remède homéopathique convenant le mieux. Il faut répéter que, lorsque leur cause précise n'est pas démontrable, les maladies de la peau peuvent être l'indice d'un trouble interne et peuvent donc traduire une tentative de l'organisme pour se libérer de certaines substances nocives. C'est pour cette raison que l'homéopathie "respecte" généralement une maladie de la peau en évitant de la "refouler" (par exemple au moyen de pommades comme le fait l'allopathie), parce que cela rendrait certainement la situation interne encore plus pénible (et donc aussi plus difficile à guérir).

La médecine homéopathique aide la maladie à "sortir", à se dévoiler, pour une guérison durable. C'est dans ce but que nous avons pris l'habitude de commencer à traiter toute maladie de la peau par une thérapeutique "dépurative" de huit à quinze jours avec:

● Nux Vomica 5 CH (dépuratif),

trois granules deux fois par jour (préférable pour les hommes) ou bien, aux mêmes doses, pour les femmes:

● Pulsatilla 5 CH (dépuratif).

Ce traitement à lui seul, ou bien en parallèle avec un traitement pour l'intestin et un régime contrôlé, est le plus souvent suffisant pour expliquer les symptômes ou même pour éliminer les anomalies que présente la peau.

Chaque fois que l'on remarquera des modalités d'apparition ou des localisations particulières de l'eczéma, il faudra choisir le remède en fonction de ces caractéristiques. Voyons les plus fréquentes: les éruptions sont sèches et s'aggravent avec la chaleur:

● SULFUR 5 CH (eczéma sec).

C'est le médicament par excellence qui soigne de très nombreuses éruptions cutanées; pour plus d'efficacité, on pourra l'alterner avec d'autres remèdes comme:

● PETROLEUM 5 CH (en cas d'eczéma ou d'urticaire qui s'aggrave en hiver),

recommandé pour les peaux sèches et dures qui tendent à se gercer et à saigner. Lorsque les éruptions sont vésiculeuses, le remède est:

● RHUS TOXICODENDRON (vésicules).

Ce remède, déjà indiqué pour les douleurs articulaires (et que vous avez peut-être déjà essayé...) est ici présenté comme un remède pour la peau. Rappelons ce que nous avons déjà dit plusieurs fois à propos du principe de similitude et de l'expérimentation homéopathique: cela est normal; en effet, RHUS a une "symptomatologie" propre, il peut non seulement être conseillé en cas de fortes douleurs s'améliorant avec le mouvement, mais il peut aussi être adapté en cas d'éruptions vésiculeuses de la peau.

Si l'eczéma se présente avec une grande quantité de petites zones rougies produisant une espèce de liquide:

● GRAPHITES 5 CH (eczéma avec écoulement)

est le remède qui peut guérir ce trouble désagréable.

L'*urticaire* proprement dite se présente avec des zones rougies en relief sur la peau, très prurigineuses, qui peuvent causer un important gonflement de toute la région atteinte, le plus souvent provoqué par des allergies, des désordres ou des intoxications alimentaires. Nous avons déjà parlé des allergies; pour les désordres alimentaires, on utilisera avec avantage un remède que nous connaissons déjà:

● ANTIMONIUM CRUDUM 4 CH (urticaire alimentaire).

Mais pour chaque intolérance alimentaire, il existe, logiquement, un remède homéopathique spécifique que votre médecin pourra vous indiquer. Si, en revanche, l'urticaire est due à une exposition aux rayons du soleil, le remède sera:

● NATRUM MURIATICUM (urticaire due au soleil).

Parmi les symptômes les plus contraignants, on compte le prurit, pour lequel on emploiera:

● URTICA URENS 4 CH (prurit),

et le gonflement (œdème) des tissus intéressés. Le remède sera alors:

● APIS 4 CH (gonflement, œdème).

Rappelons qu'urticaires et eczémas ne doivent pas être traités au moyen de pommades qui ne sont pas homéopathiques (durant un traitement homéopathique). Est surtout contre-indiqué l'usage de préparations à base de cortisone, substance qui, à la longue, empêcherait tout résultat positif d'un traitement homéopathique.

Acné

Des générations et des générations de jeunes ont été affligées de cette maladie parfois vraiment désagréable et défigurante, et probablement d'autres générations le seront-elles dans les années à venir. Il est en effet quasiment certain que l'acné est causée par une quantité de facteurs divers comme les déséquilibres hormonaux, les régimes, les facteurs "nerveux" et psychologiques qui ne sont certainement pas destinés à disparaître dans un avenir proche.

Comme on le sait, l'acné disparaît spontanément à partir d'un certain âge, mais celui qui en est atteint ne se résigne certes pas à attendre aussi longtemps et il a alors recours au dermatologue, à des vaccins et des pommades qui ne donnent que rarement les résultats espérés.

Dans ce cas aussi, l'homéopathie aide la maladie à se manifester, mais ne vous effrayez pas! Il est vrai que, comme pour toute guérison homéopathique, vous assisterez d'abord à un "bourgeonnement" de votre épiderme, mais patientez! Les résultats commenceront bientôt à apparaître, et souvenez-vous: "De l'intérieur vers l'extérieur", selon la loi de Hering.

Il sera toutefois utile d'accorder une attention particulière à l'alimentation: avant tout, mangez lentement, mâchez bien et buvez peu. Seront absolument interdits: les chocolats, les graisses, les boissons alcoolisées et les aliments frits. Soignez l'intestin et la digestion. Lavez-vous la peau avec des savons non irritants et, pour les femmes, ne vous enduisez pas le visage d'une épaisse couche de fond de teint ou autres produits de ce genre qui empêchent la peau de "respirer".

Commencez aussi un traitement homéopathique de drainage (dépuratif) comme il a déjà été indiqué pour l'urticaire et l'eczéma en utilisant:

- Nux Vomica 5 CH (pour les hommes),

- Pulsatilla 5 CH (pour les femmes),

trois granules deux fois par jour et, une fois par semaine, le soir avant de vous coucher, une dose de:

● KALI BROMATUMA 9 CH DOSE (acné juvénile)

qui est le remède homéopathique principal à absorber en cas d'acné.

Nous irions à l'encontre des principes homéopathiques si nous oublions que chaque cas présente "sa" propre acné particulière qui devra être traitée avec le remède correspondant, et seulement avec celui-là. Ne vous attendez donc pas à ce que votre acné disparaisse d'un moment à l'autre uniquement après un traitement à base de KALI BROMATUMA. Toutefois, essayez cette méthode: cela ne vous coûtera pas grand-chose et surtout, cela ne pourra vous nuire. Et s'il ne se produit rien, consultez un médecin homéopathe qui saura trouver "votre" solution.

Champignons (mycoses cutanées)

Il vous est peut-être déjà arrivé de voir apparaître sur la peau des zones moins colorées, délimitées plus ou moins nettement par la peau saine. Certaines de ces surfaces sont de très petites dimensions, ont les contours estompés, ou bien elles ont tendance à se réunir pour former une zone plus ample dont le bord périphérique est légèrement en relief. Ce sont là des altérations de la peau causées, le plus souvent, par des micro-organismes qui parasitent la surface de notre corps. Les régions les plus atteintes sont celles qui sont couvertes. Même la médecine homéopathique peut rencontrer de grosses difficultés à traiter ce genre d'affections; il sera donc prudent de suivre quelques règles élémentaires d'hygiène pour éviter une éventuelle contagion et pour que l'affection ne se répande pas dans d'autres parties du corps. En outre, dans ce cas particulier (vu que la maladie n'est généralement pas liée à un trouble interne), un traitement externe, à base de produits antifongiques et de lavages avec du savon acide (que vous trouverez en pharmacie) pourra être très utile.

Un traitement homéopathique interne peut être indiqué pour aider l'organisme à augmenter ses défenses. Dans ce cas, le remède approprié sera:

● KALI IODATUM 5 CH (mycose cutanée),

à utiliser pendant de longues périodes, trois granules une fois par jour.
Attention! Très souvent on prend pour une infection fongueuse cutanée une autre maladie de la peau appelée "Vitiligo", caractérisée par la dépigmentation (décoloration) de la peau en larges taches blanches ou rosées. Elle est d'origine inconnue, mais il semble bien qu'il y ait souvent à sa base des troubles d'origine nerveuse. On peut alors tenter un traitement prolongé avec:

● SEPIA 5 CH (vitiligo),

● MICA 5 CH (vitiligo),

en alternant les remèdes un jour sur deux.

Psoriasis

On peut dire que c'est une maladie qui a frappé l'humanité depuis toujours et dont les causes, comme pour beaucoup des affections de la peau, sont encore inconnues.
Très souvent elle a été liée à des périodes durant lesquelles l'hygiène était forcément insuffisante (guerres, épidémies, famines), mais en vérité, ce n'est certes pas là une de ses causes véritables. Elle est difficile à guérir, mais on assiste souvent à sa rémission spontanée sans que soient intervenues des thérapies précises. Il semble avoir été prouvé que le psoriasis a une origine psychosomatique, si bien qu'un manque d'attention à ce symptôme, c'est-à-dire la capacité, ou la possibilité, de ne pas accorder d'importance à l'altération qui a atteint la peau, peut

avoir un effet thérapeuthique bénéfique et le faire disparaître. C'est justement en ce sens que peut agir le remède homéopathique: il traitera avant tout la cause interne et si vous ne vous préoccupez pas outre mesure de l'effet externe, une amélioration s'ensuivra. Une "dépuration" sera, dans ce cas aussi, extrêmement utile et pour cette dernière, les remèdes les plus indiqués sont:

● PSORINUM 9 CH DOSE (drainage psoriasis),

● SULFUR 9 CH DOSE (drainage psoriasis).

Une demi-dose de l'un et, après trois jours, une demi-dose de l'autre, une fois par semaine pendant quatre semaines et puis, selon la localisation:

● ARSENICUM ALBUM 5 CH (scrotum et cuisses),

● HYDRASTIS CANADENSIS 5 CH (cuir chevelu),

● GRAPHITES 5 CH (paumes des mains, plantes des pieds, coudes et genoux),
● ARSENICUM IODATUM 5 CH (tronc).

Trois granules deux fois par jour pendant de longues périodes, en suivant l'évolution de la maladie.
On tirera également profit d'un régime privé de substances irritantes, d'une activité physique moyenne et, si possible, d'une vie calme. Le soleil peut aider, mais n'exagérez pas.

Verrues

● THUYA.

Non seulement les verrues occasionnent une gêne physique certaine, surtout si elles sont placées sur la plante des pieds, mais elles peuvent aussi prendre un aspect inesthétique très désagréable à cause de leur forme en chou-fleur plus ou moins prononcée.

L'origine des verrues semble être de type viral, mais on n'en connaît pas la cause précise et, contrairement à la conviction de certains, on ne peut les considérer comme contagieuses bien qu'il arrive souvent de les découvrir sur ses plantes des pieds après avoir fréquenté des lieux très peuplés (piscines, douches, vestiaires communs).

Dans ce cas aussi, le "terrain" plus ou moins proprice au développement des verrues, est très important; en effet, toutes les personnes qui se sont trouvées en même temps dans le même lieu n'attrapent pas forcément des verrues.

Chacun a au moins une fois entendu quelqu'un raconter qu'il avait tout essayé pour se débarrasser de ces indésirables (crèmes, acides, interventions chirurgicales), mais que les verrues avaient réapparu, parfois dans d'autres endroits, mais avec des caractéristiques semblables. De même, presque tout le monde sait que, parfois, il suffit d'en faire disparaître une (par n'importe quel moyen) pour que, mystérieusement, toutes les autres guérissent aussi. Dans ce cas, il est évident que l'on se trouve devant un mécanisme du type "psychosomatique" qui, nous le répétons, peut être à l'origine d'un grand nombre d'affections de la peau. L'homéopathie a obtenu dans ce domaine des résultats remarquables, surtout avec le remède indiqué au début de ce paragraphe, et qui est presque devenu un synonyme du mot "verrue": la

● THUYA T.M.;

utilisée pure pour des applications locales (avec un petit tampon de coton), elle est résolutive pour la plupart des verrues. Si l'emplacement de la verrue est plus difficile et délicat à atteindre (par exemple dans le cas de verrues apparaissant autour de l'anus, ou du vagin), on l'utilisera après l'avoir diluée dans un peu d'eau.

La THUYA devra ensuite aussi être employée par voie parentérale, lorsque l'affection se répétera avec les mêmes caractéristiques. On prendra alors aussi chaque semaine une dose de:

● THUYA 9 CH DOSE (verrues).

Ce traitement suffit généralement à supprimer tout type de vé-
gétation verruqueuse, mais n'oublions pas le principe de similu-
tude: nous ne résoudrons jamais le problème à fond si nous n'u-
tilisons pas le remède le plus "semblable". Alors, si nous ne
sommes pas parvenus à éliminer l'affection en suivant le traitement ci-dessus, tâchons de mieux en observer les caractéristiques. Par exemple: la verrue est-elle très dure? Pique-t-elle et
occasionne-t-elle du prurit? Apparaît-elle surtout dans le dos,
ou sur les lèvres?

● NITRICUM ACIDUM 5 CH (verrues sur les lèvres avec prurit).

Se présente-t-elle toujours autour des organes génitaux?

● SABINA 5 CH (organes génitaux).

Les mains sont-elles les plus atteintes?

● RUTA 5 CH (mains).

Pour les verrues de la plante ou du dos des pieds, qui sont très
certainement les plus ennuyeuses et les plus douloureuses, préparez un mélange, en parties égales (deux ou trois gouttes) de:

● THUYA T.M.,

● PLANTAGO T.M.,

● EUPHORBIA T.M.

et utilisez-le pour des applications sur la région atteinte et prenez par voie parentérale:

● ANTIMONIUM CRUDUM (plante des pieds).

Herpès

● Rhus Toxicodendron.

Rhus Toxicodendron est le remède pour l'herpès comme Thuya l'est pour les végétations verruqueuses. Le retrouver ici après l'avoir à peine indiqué pour les manifestations vésiculeuses de la peau (urticaire et eczéma) n'étonnera pas si l'on pense à la façon dont se présente l'herpès sur la peau.

Lorsque, pour une raison quelconque, les défenses de l'organisme diminuent, cette altération de la peau peut se manifester (elle apparaît le plus souvent autour des lèvres et sur les organes génitaux).

L'herpès est une affection de la peau caractérisée par la présence de petites vésicules tendant à se regrouper, de forme arrondie et en relief, qui sont très irritantes et souvent aussi douloureuses. L'affection régresse spontanément, mais elle peut se représenter au même endroit, ou à d'autres, avec les mêmes caractéristiques.

Lorsque l'herpès est situé le long du trajet d'un nerf, il peut provoquer d'atroces douleurs brûlantes qui lui ont fait prendre le nom de *Feu de saint Antoine*. S'il est dans la logique de l'homéopathie de traiter en premier lieu le trouble de base qui peut avoir causé la diminution des défenses de l'organisme (intoxication, infection, etc.), il peut toutefois être urgent de remédier aux symptômes les plus douloureux procurés par la présence de l'herpès. On pourra alors avant toute chose modifier le terrain avec un remède homéopathique, mais n'appartenant pas à la pharmacopée classique; il dérive d'une dilution hahnemannienne du vaccin antivariolique:

● Vaccinotoxinum 9 CH Dose (herpès);

une dose entière dès l'apparition de l'affection. D'autres symptômes et localisations particulières pourront ensuite être contrôlés avec:

● RHUS TOXICODENDRON (surtout bouche et lèvres),

qui, nous l'avons déjà dit, sera le remède de premier choix dès l'apparition de l'herpès. Si l'affection est surtout développée au niveau des organes génitaux:

● ARSENICUM ALBUM 4 CH (herpès génital),

● MERCURIUS SOLUBILIS 4 CH (herpès génital)

alternés l'un avec l'autre dans la journée pour couvrir la symptomatologie la plus douloureuse de l'herpès génital (grande irritation et sensation de brûlure). Pour les douleurs brûlantes de l'herpès ou "zona" le long du trajet des nerfs:

● MEZEREUM 4 CH (herpès zoster; feu de saint Antoine);

trois granules, à quelques minutes d'intervalle mais seulement si les accès de douleur se répètent fréquemment dans la journée. Si le nerf atteint se trouve sur le visage, alternez avec:

● CROTON TIGLIUM 4 CH (visage).

Si c'est un nerf intercostal (le long des côtes et du thorax) qui est atteint:

● RANUNCULUS BULBOSIS 4 CH (thorax).

Très utiles aussi: les applications d'argile ou de CALENDULA T.M. diluée correctement.

Erythème causé par le soleil ou la chaleur

Une irritation de la peau causée par les rayons du soleil doit être considérée comme une réaction normale de l'organisme; il faut cependant ajouter et rappeler qu'il a été prouvé qu'une exposition abusive ou trop prolongée aux rayons du soleil procure plus de dommages que de bénéfices. Il s'agira donc d'être prudent et d'utiliser des protections appropriées et des crèmes hydratantes et hypoallergiques, les plus "naturelles" possible. C'est dans ce but (protectif et préventif) que la peau même sécrète plusieurs substances que les bains de mousse, tellement à la mode, éliminent soigneusement! Naturellement, on ne vous demande pas d'être sales, mais il ne faut pas non plus tomber dans l'excès contraire...

De toute façon, il existe une sensibilité individuelle au soleil (peaux plus ou moins délicates) que chacun devra établir par la méthodologie homéopathique. En général, pour les irritations de la peau causées par les rayons solaires on pourra essayer:

● BELLADONNA 4 CH (rayons solaires),

alternée avec:

● GLONOINE 4 CH (douleurs à la tête),

s'il vous semble que vous avez la tête qui "éclate" à cause de la douleur lancinante et continue que vous ressentez (sans oublier dans ce cas l'application de compresses froides ou d'une vessie à glace).

Pour les *brûlures*, quelle que soit leur origine, et pourvu qu'elles n'atteignent pas les tissus profonds (il faudra dans ce cas avoir recours au médecin), utilisez localement:

● CALENDULA T.M. (contre les brûlures);

vingt gouttes dans un verre d'eau pré-bouillie (et refroidie); pour les symptômes locaux, rappelons trois remèdes déjà cités:

● APIS 4 CH (gonflement et brûlure),

● URTICA 4 CH (prurit et irritation),

● RHUS TOXICODENDRON 4 CH (vésicules)

alternés dans la journée (trois granules) selon les symptômes.

POUMONS

Les poumons sont les organes destinés à l'oxygénation du sang et, étant donné que ce processus a lieu par contact de l'air avec le sang même, les poumons doivent emmagasiner une certaine quantité de sang et d'air à travers le mécanisme de la respiration. En effet, lorsque nous respirons, une quantité d'air "propre" entre dans nos poumons (inspiration) et une quantité d'air "sali" d'anhydride carbonique soustraite au sang en sort (expiration): il apparaît donc évident que les poumons sont parmi les organes les plus en contact direct avec le milieu extérieur et que le sang qui les traverse devra nécessairement se ressentir de la composition de l'air inspiré. Par conséquent, toute substance volatile irritante (le tabac en premier lieu) pourra être mise en cause dans les maladies pulmonaires ou dans les troubles de tout l'organisme. Nous nous occuperons ici des maladies des poumons les plus communes: celles d'origine allergique (asthme), ou virale et infectieuse (bronchite, broncho-pneumonie), tandis que nous laisserons de côté les autres (emphysème, maladies pulmonaires chroniques, etc.) car dans ces cas, l'intervention du médecin sera toujours indispensable.

Asthme

Il n'est pas tout à fait vrai que l'asthme est toujours d'origine allergique; il arrive trop souvent que l'on classe sous la catégorie des "allergiques" une affection qui, au contraire, a d'autres causes. Mais il n'en reste pas moins que l'on rencontre très souvent des asthmes commençant à travers une réaction allergique à des substances parfois vraiment difficiles à identifier, surtout en bas âge. Plusieurs mères, préoccupées, et à juste raison, s'adressent aux médecins homéopathes pour résoudre le problème de leur enfant, obligé d'avaler de dangereuses quantités de médicaments antihistaminiques, antiasthmatiques, ou pire encore, à base de cortisone. Il est clair que dans ces cas, la tâche du médecin homéopathe ne sera pas facilitée, mais avec du temps et de la patience, les résultats ne manqueront pas d'arriver.

Pour l'asthme aussi, il faudra tenir compte des caractéristiques organiques du petit patient, de son histoire et de sa personnalité, qui pourront indiquer au médecin le remède "de fond", c'est-à-dire celui qui modifiera le terrain et conduira à la guérison. Comme d'habitude, nous devrons, pour notre part, nous limiter aux symptômes les plus fréquents et les plus gênants, en laissant au médecin le soin de donner les conseils et les indications utiles pour une guérison définitive. En premier lieu, observons les caractéristiques de la toux qui accompagne l'asthme. Si elle est sèche (sans expectoration):

- SAMBUCUS 4 CH (asthme sec).

Si par contre la crise asthmatique est caractérisée par la présence de sécrétions muqueuses, parfois suffocantes et pouvant causer nausée et vomissements:

- ANTIMONIUM TARTARICUM (asthme avec expectoration).

Durant une crise aiguë, ces remèdes pourront être alternés pour obtenir une meilleure efficacité avec:

- SPONGIA 4 CH (toux avec oppression),
- MOSCHUS 4 CH (asthme avec agitation),
- IPECA 4 CH (asthme avec vomissement).

IPECA, déjà indiqué pour les troubles digestifs, pourra être également utile en cas de vomissement avec toux (assez fréquent chez les enfants).

Rappelons aussi un remède dont la caractéristique principale conduisant à son choix est la sensation de manquer d'air:

● CARBO VEGETABILIS (suffocation),

remède également indiqué lorsque les forces vitales et les réserves énergétiques sont sur le point de manquer.

Les asthmes allergiques peuvent tirer profit d'un traitement "désensibilisant", assez voisin des pratiques homéopathiques, qui consiste à rechercher l'agent provoquant l'allergie (allergène) et à inoculer cet "allergène" atténué (dilué) dans l'organisme. Un traitement désensibilisant ne devra pas être interrompu pendant une thérapie homéopathique; cette dernière aura toujours pour but d'éviter les rechutes et de rendre la guérison plus rapide. Enfin, en ce qui concerne les asthmes d'origine non allergique, il faut souligner que certains sont favorablement influencés par un traitement psychothérapique, car il arrive très souvent que la composante psychologique joue un rôle important dans ce genre d'affections. Pour les autres cas, il faut s'adresser au médecin qui établira si un traitement homéopathique peut être efficace ou non.

Toux

La toux, dont le but est d'expulser violemment de la trachée et des bronches certains facteurs d'irritation, est à l'origine de causes souvent innocentes, comme par exemple des petits fragments de nourriture avalés "de travers", des irritations dues à l'usage de tabac (déjà moins innocentes...), des irritations causées par des poussières, etc. Mais dans certains cas, elle peut aussi être l'indice d'une véritable maladie des poumons (ou des bronches). Comme pour tous les autres troubles, il est utile d'en rechercher la cause, en fonction de laquelle on pourra choisir les remèdes convenant le mieux. Vous pourrez déjà trouver certains de ces remèdes au paragraphe "Gorge", par exemple, ou au paragraphe traitant de la "Bronchite". Pour chaque affection pulmonaire, à titre aussi bien préventif que curatif, on utilisera:

● BRYONIA 5 CH (poumons et séreuses),

déjà cité, jumelé à RHUS TOXICODENDRON dans le traitement des douleurs articulaires. BRYONIA présente une affinité "homéopathique" particulière pour toutes les surfaces séreuses et muqueuses. Dans la pharmacopée homéopathique orthodoxe, il n'existe pas de sirops ou d'autres préparations pour calmer la toux comme il y en a tant dans la pharmacopée traditionnelle. Cependant, dans quelques pharmacies homéopathiques, l'on vend des "complexes" c'est-à-dire des préparations homéopathiques contre la toux, sous forme de sirop. Bien que n'étant pas tout à fait contre ce genre de préparations, nous vous conseillons de prendre d'abord un vrai remède homéopathique unique, qui agira très certainement mieux et plus en profondeur. Comme d'habitude, il faudra attentivement observer les modalités d'apparition et de manifestation de la toux. Si la toux est particulièrement irritante et grasse (avec catarrhe), le remède indiqué est:

● COCCUS CACTI 4 CH (toux grasse).

La toux sèche et insistante sera traitée par:

● STICTA 4 CH (toux sèche).

Lorsque la toux est déclenchée par le moindre courant d'air, ou dès le premier froid:

● RHUMEX 4 CH (toux dès le premier froid).

Lorsque la toux est principalement nocturne et sèche:

● DROSERA 4 CH (toux nocturne),

utile aussi pour les toux dues à des irritations du larynx qui apparaissent en parlant ou en riant (voir aussi "Larynx").
Même si elle n'est due qu'à une irritation banale, une toux incessante et continue peut à la longue provoquer de légères lésions aux petites veines superficielles du larynx et alors causer de modestes hémorragies. Eliminer tout facteur irritant avant même d'entreprendre un traitement approprié (qui ne serait alors qu'un palliatif) est d'une importance évidente. Parmi ces facteurs irritants, rappelons-le, la première place est occupée par le tabac, quelle que soit la forme sous laquelle il est fumé!

Bronchite et pneumonie

Lorsque la toux est accompagnée de fièvre (et de frissons caractéristiques), de sensation de brûlure ou de douleur au thorax et aux épaules, suivies de difficultés respiratoires, n'hésitez pas à appeler le médecin car vraisemblablement, vous souffrez d'une inflammation des bronches (bronchite) ou du tissu qui forme les poumons (pneumonie). La médecine allopathique (celle que vous connaissez tous) utilise immédiatement des antibiotiques et des antipyrétiques (antifébriles). L'homéopathie peut guérir une bronchite et une pneumonie sans antibiotiques, mais nous ne vous conseillons pas de le faire seul (à moins que vous n'ayez déjà une bonne expérience homéopathique). Cependant surtout en cas de bronchite, vous pouvez, pendant que vous attendez le médecin, soigner vos symptômes par l'homéopathie. Parmi les remèdes de premier choix, une place importante est destinée à:

● BRYONIA ALBA 9 CH DOSE (bronchite).

Rappelons son affinité et son utilité dans toutes les affections des membranes séreuses, articulaires et synoviales. BRYONIA est aussi un remède préventif, pour autant naturellement, qu'il soit pris à temps dans toutes ces affections grippales qui précèdent si souvent une complication pulmonaire. La dose de BRYONIA doit alors être divisée en deux et être prise deux fois par semaine.

Si la bronchite s'est déjà manifestée, on prendra, avec BRYONIA, à intervalle de deux heures environ, trois granules de:

● PHOSPHORUS TRIIODATUS 5 CH

à renouveler une fois dans les 24 heures et les jours suivants. Ce remède a aussi un effet préventif contre d'éventuelles complications ultérieures de la bronchite. Vérifiez que l'on vous a bien donné du PHOSPHORUS TRIIODATUS et non du PHOSPHORUS pur car ce dernier doit être utilisé avec beaucoup de prudence et uniquement sur prescription du médecin.

On pourra alterner, toujours durant la journée, et jusqu'à disparition des symptômes avec:

● ANTIMONIUM TARTARICUM 4 CH (toux bronchique).

Ce remède, qui vient d'être proposé pour l'asthme avec présence de sécrétions très denses, sera efficace pour diminuer les mucosités, l'oppression thoracique et la sensation de suffocation.

A la fin de chaque crise, et pour éviter des complications ultérieures ou des récidives, il sera utile de prendre une dose, le soir et en une seule fois, de:

● SULFUR 9 CH DOSE.

De cette manière, vous pouvez guérir votre bronchite aiguë, mais ne renoncez surtout pas au contrôle du médecin qui pourra vous confirmer l'effet positif du traitement.

Pour les autres symptômes (toux, fièvre, etc.) reportez-vous aux paragraphes correspondants en veillant bien à couvrir toute la symptomatologie et donc en alternant plusieurs remèdes au cours d'une même journée.

REINS ET APPAREIL URINAIRE

Bien que certains troubles des voies urinaires puissent se rencontrer chez des individus de tout âge, ils sont plus fréquents en cette phase de la vie où les excès alimentaires et sexuels sont plus faciles. L'alimentation est en effet un facteur prédisposant à la calculose et le sexe conditionne souvent des infections génitales qui, par contiguïté, touchent aussi les voies urinaires. Cela ne signifie évidemment pas que pour prévenir ce genre de troubles il faille s'abstenir de bien manger ou de tout rapport sexuel; il est cependant souhaitable de suivre (comme le veut le "bon sens") une conduite qui évite les excès aussi bien dans un sens que dans l'autre.

Il existe aussi des troubles indépendants de ces facteurs, liés à des situations plus complexes des organes préposés à la formation et à l'élimination des urines. Les urines sont formées par les reins d'où, par deux longs et minces petits tubes (les uretères), elles passent à la vessie dans laquelle elles se réunissent pour être éliminées (normalement sur commande) à travers un autre canal plus court (l'urètre). On comprend donc aisément qu'un trouble urétral (de la voie urinaire la plus externe et donc aussi la plus éloignée des reins) puisse, par rétrogradation, toucher aussi la vessie, les uretères et les reins et, de même, qu'une infection rénale puisse arriver à contaminer les voies urinaires les plus externes. Il sera donc important, à titre préventif, de ne négliger aucune infection, même apparemment banale, de l'urètre ou de la vessie, pour éviter qu'à la longue, les reins soient eux aussi atteints.

Cystite et urétrite

Nous avons déjà parlé de l'urétrite dans le chapitre consacré aux organes génitaux.

Nous la citons ici de nouveau car elle est fréquemment associée à la cystite (inflammation et infection de la vessie); ces deux affections sont en effet souvent liées l'une à l'autre étant donné les rapports étroits qui existent entre la vessie et l'urètre. C'est pour cette même raison que les femmes sont plus souvent sujettes à ce genre de troubles, d'autant plus que le canal urétral de la femme est très court; l'infection due à un contact sexuel peut donc se propager plus facilement à la vessie. Dans ce dernier cas, il faudra avant tout guérir l'urétrite (voir paragraphe correspondant) et il faudra, naturellement, soigner aussi le partenaire.

Dans d'autres cas, la cystite peut être due à des causes diverses, par exemple externes (comme le froid, les traumatismes) ou bien internes (colite, ou facteurs nerveux et psychologiques, surtout chez les jeunes femmes). Un traitement homéopathique bien étudié aura raison d'une cystite aiguë (non infectieuse) en quelques heures, et des cystites chroniques (certaines durent des années) en quelques semaines. Les remèdes les plus utilisés sont:

● CANTHARIS 4 CH (cystite)

à prendre immédiatement, dès les premiers symptômes (trois granules) en alternant avec:

● MERCURIUS CORROSIVUS 4 CH (cystite et douleurs)

lorsque les symptômes prédominants sont une violente sensation de douleur et de brûlure au bas-ventre associée à l'impression d'avoir encore envie d'uriner une fois la vessie complètement vidée.

Si une cause bactérienne a été trouvée, et que le germe responsable est le colibacille, prendre:

● COLIBACILLINUM 9 CH DOSE (cystite causée par le colibacille),

une demi-dose deux fois par semaine, le soir. Et, au cours de la journée:

● FORMICA FUFA 5 CH.

La cystite causée par le colibacille est très répandue et elle est souvent liée à une infection intestinale (voir "Colite"). Elle ne sera donc complètement guérie que lorsque les troubles intestinaux eux-mêmes auront été soignés. Ce type de cystite (lorsque les deux affections, cystite et colite, coexistent) pourra facilement être diagnostiqué après une analyse culturale des urines. Chez les femmes, à cause de la situation anatomique d'étroite proximité entre les voies urinaires et génitales, les normes hygiéniques devront être particulièrement respectées: on pourra utiliser quelques anti-inflammatoires locaux. A ce propos, rappelons la CALENDULA (voir "Organes génitaux").

Calculs

La calculose des voies urinaires est un trouble important, surtout à cause de ses symptômes douloureux qui peuvent atteindre des paroxysmes insupportables. Elle peut se répéter périodiquement chez des individus qui produisent des sédiments ("gravelle") et des calculs avec une rapidité vraiment impressionnante.

Comme nous l'avons déjà dit à propos des calculs de la vésicule biliaire, ou du foie, il n'existe pas de produits homéopathiques en mesure de les éliminer ou de les détruire une fois qu'ils se sont formés. Mais il est par contre possible d'en prévenir la formation chez les sujets qui y sont prédisposés, tout comme il est possible de modifier les symptômes et de faciliter leur élimination par voies naturelles lorsqu'ils sont peu volumineux. Pour le traitement et la prévention des calculs, il est important d'en connaître la composition que des analyses appropriées révèleront. Les plus fréquents (environ 50 %) sont les *calculs d'oxalates* qui se forment à partir de substances riches en calcium et en acide oxalique ou à partir d'aliments qui peuvent les produire (comme le cacao et le chocolat, certains fromages faits, le café et le thé, les épinards et les fruits secs). Pour en prévenir la formation, on pourra utiliser:

● OXALICUM ACIDUM 9 CH DOSE (calculs d'oxalates),

une dose par semaine, le soir, pendant de longues périodes. Ensuite, par ordre d'importance, nous avons les *calculs d'urates*, pour lesquels les règles alimentaires déjà indiquées sont aussi valables; un régime avec le moins de viande possible et comprenant une abondante consommation d'eaux légères, non gazeuses, est recommandé. Le remède préventif est:

● URICUM ACIDUM 9 CH DOSE (calculs d'urates)

à prendre selon les mêmes modalités que pour le remède précédent.

Moins fréquente, mais tout aussi probable: la *calculose due aux phosphates*, plus courante chez les femmes, et pour laquelle il est conseillé de supprimer, avant tout, les eaux gazeuses et bicarbonatées, les aliments comme les amandes, les abricots, les céréales entières, les crustacés, le lait, le jaune d'œuf, le soja, les oignons, les prunes, le raisin, tous très riches en phosphates. Le remède homéopathique sera:

- **CALCAREA PHOSPHORICA 9 CH** (calculs dus aux phosphates)

chaque semaine. Par contre, tous les jours, prenez:

- **PHOSPHORICUM ACIDUM 5 CH.**

La *douleur* de la colique rénale devra, une fois sur deux, être soulagée avec des médicaments "allopathiques" (antispasmodiques, analgésiques, et autres), mais on pourra habituer l'organisme à réagir à une espèce de cocktail homéopathique indiqué par un médecin français, le Docteur A. Horvilleur, composé de cinq granules de chacun des remèdes suivants: ARNICA, BELLADONNA, BERBERIS, CALCAREA CARBONICA, PAREIRA BRAVA, LYCOPODIUM, dilués dans un verre d'eau, dont on prendra une cuillerée à thé toutes les 5 ou 10 minutes. Il semblerait que cette préparation soit également efficace pour l'élimination des petits calculs.

A propos des *douleurs aux reins*: on attribue trop souvent une douleur dans la région rénale (c'est-à-dire lombaire) à un rhumatisme ou à une arthrose, et vice versa.

En vérité, il n'est pas facile, pour un profane, de distinguer une véritable douleur rénale d'un lumbago; il sera donc nécessaire, surtout si la douleur est accablante, continue et peut-être même accompagnée de hausses de la température le soir, de demander l'avis du médecin.

TETE

Nous parlerons dans ce chapitre non seulement des troubles propres à la tête (céphalée, migraine, névralgie), mais aussi de ceux qui atteignent les organes en faisant partie: nez, oreilles et yeux.

Douleurs

Il faut, pour la douleur à la tête, faire quelques distinctions, car s'il est vrai, comme nous l'avons dit à plusieurs reprises qu'on peut avec les mêmes remèdes soigner des maux différents, il n'en est pas moins important de savoir qu'une céphalée est autre chose qu'une migraine ou une névralgie, et que chacune de ces manifestations demandera donc, selon les facteurs en cause, des traitements différents et plus ou moins énergiques.

CEPHALEE

C'est le "mal à la tête" commun, trouble très répandu, souvent innocent, mais parfois lancinant au point d'empêcher toute activité ou occupation. En homéopathie, il ne suffit pas de savoir qu'une personne souffre de céphalée pour pouvoir la soigner efficacement, car il n'existe pas de remèdes comme les analgésiques de la médecine allopathique; aussi faudra-t-il enquêter sur toutes les particularités du mal de tête (apparition, localisation, aggravation ou amélioration à la suite de mouvements particuliers, etc.) afin de pouvoir choisir le remède vraiment homéopathique (semblable à ce mal de tête) et donc curatif. En ce sens, vu l'énorme quantité de caractéristiques qu'une céphalée peut présenter, le symptôme "douleur à la tête" est l'un des plus difficiles à cerner homéopathiquement. Nous tâcherons donc de n'indiquer que les cas qui, à notre avis, sont les plus fréquents, en négligeant des symptômes plus rares que vous pourrez analyser avec votre médecin homéopathe.

Commençons par les localisations. Si votre mal de tête se situe principalement sur le sommet de la tête, le remède indiqué est:

● MENYANTHES 4 CH (céphalée sur le sommet de la tête).

Surtout si la douleur s'aggrave après une activité physique, et, au contraire, s'améliore avec le repos et le sommeil.

Un autre type de céphalée frappe principalement les tempes; le remède sera alors:

● BELLADONNA 4 CH (céphalée pulsative aux tempes);

pour utiliser ce remède, le mal de tête devra être pulsatif et apparaître de préférence après un coup de froid.

L'on observe aussi souvent une douleur localisée dans la partie occipitale du crâne (c'est-à-dire derrière et au-dessus du cou). Dans ce cas, le remède sera:

● JUGLANS CINEREA (céphalée occipitale)

efficace surtout lorsque des troubles du foie l'accompagnent. Il faut rappeler que la céphalée occipitale peut dériver d'une arthrose des premières vertèbres cervicales, auquel cas, c'est cette cause qu'il faudra soigner en premier lieu pour éviter l'apparition de toute douleur (voir "Articulations").

On utilise parfois de curieuses expressions pour définir les sensations particulières provoquées par une douleur à la tête. L'homéopathie utilise ces expressions comme de précieuses indications pour choisir le remède à prescrire. C'est ainsi que, par exemple, pour "J'ai l'impression d'avoir un clou planté dans la tête", l'on indiquera:

● COFFEA 4 CH (clou planté dans la tête).

Une curiosité: COFFEA n'est autre que du café commun. Nous connaissons tous les symptômes donnés par un usage excessif de café (insomnie, irritabilité nerveuse); l'homéopathie l'utilise donc pour soigner ces symptômes, en parfait accord avec le principe de similitude. Une autre expression très courante chez ceux qui souffrent de mal à la tête est: "J'ai la tête qui explose". Le remède sera alors:

● GLONOINUM 4 CH (tête qui explose).

Si, après une soirée au cours de laquelle vous avez bu quelques verres avec vos amis, vous vous réveillez avec la tête lourde et souffrante, alternez toutes les heures trois granules de:

● NUX VOMICA 4 CH (céphalée due à l'alcool)

avec trois granules de:

● ZINCUM 4 CH (céphalée due à l'alcool).

Si la céphalée apparaît principalement à jeun et disparaît après un bon repas, ou simplement en mangeant quelque chose, utilisez:

● ANCARDIUM ORIENTALIS (pour céphalée qui s'améliore après les repas).

Si, au contraire, elle s'aggrave après les repas et est soulagée par l'application de compresses froides:

● PULSATILLA 4 CH (pour céphalée qui s'aggrave après les repas), trois granules une demi-heure après les repas, à répéter dans la journée.

Si la douleur s'atténue avec l'application de compresses chaudes et s'aggrave avec le froid:

● SILICEA 4 CH (en cas de céphalée qui s'améliore avec la chaleur).

Et encore en fonction des modalités d'aggravation:

● BRYONIA 4 CH (pour céphalée qui s'aggrave avec le mouvement),

● BELLADONNA 4 CH (pour céphalée qui s'aggrave avec le bruit),

● COCCULUS 4 CH (pour céphalée qui s'aggrave en voiture),

● ACTEA 4 CH (pour céphalée qui s'aggrave pendant les menstruations).

Citons pour terminer le mal de tête qui frappe souvent les étudiants après un gros effort mental; dans ce cas, on prendra:

● PHOSPHORIC ACIDUM 4 CH (céphalée intellectuelle).

Pour la céphalée due à la fatigue oculaire, fréquente chez les écoliers après des lectures prolongées:

● NATRUM MURIATICUM 4 CH (fatigue oculaire).

Le voici de nouveau, le NATRUM MURIATICUM, le sel de cuisine, que nous avons cité dans les premières pages de cet ouvrage comme exemple de substance apparemment inerte, mais qui possède, en homéopathie, un pouvoir médicinal.

MIGRAINE

La migraine, comme l'indique son nom, affecte principalement une moitié (mi du grec *hêmi*, à demi) du crâne et est donc bien différente de la céphalée qui, généralement, ne cause pas une douleur aussi bien localisée; elle en diffère aussi par d'autres caractéristiques, comme par exemple l'apparition de la douleur et son intensité (généralement plus aiguë). Cependant, une migraine qui atteint son paroxysme peut affecter toute la tête; elle se distingue alors de la céphalée par son intensité.

Parfois, une migraine peut aussi être confondue avec une véritable névralgie, c'est-à-dire une douleur le long d'une terminaison nerveuse traversant le crâne et le visage. Dans ce cas, le nerf en cause est le trijumeau, source de ces névralgies appelées, justement, "névralgies du trijumeau", extrêmement douloureuses et difficiles à guérir. Pour en revenir à la migraine, nous avons dit qu'elle affecte de préférence une moitié, gauche ou droite, de la tête: elle sera donc parfaitement du ressort de l'homéopathie qui, comme nous l'avons déjà vu, possède des remèdes de latéralité. Donc, si la migraine se manifeste en général dans toute la moitié gauche de la tête, et en particulier au-dessus de l'œil gauche, le remède prescrit sera:

● SPIGELIA 4 CH (moitié gauche).

Si c'est la moitié droite de la tête qui est atteinte, le remède sera:

● BELLADONNA 4 CH (moitié droite),

à alterner avec:

● SANGUINARIA 4 CH (œil droit),

si l'œil droit est lui aussi touché par la douleur.

Il peut aussi arriver que les deux moitiés de la tête soient tour à tour atteintes par la douleur. Le remède indiqué pour ce type de migraine est:

● LAC CANINUM 4 CH (migraines alternées).

Une autre caractéristique des migraines peut être leur périodicité. Beaucoup connaissent bien ce phénomène où la douleur apparaît à heure ou à jour fixe. Pour ce genre de migraine, le remède sera:

● CEDRON 4 CH.

Lorsque c'est le temps ou une atmosphère particulière qui déclenchent l'apparition de la migraine, le remède indiqué, que nous connaissons déjà, sera:

● RHODODENDRON.

RHODODENDRON est le remède qui convient le mieux aux personnes qui affirment "sentir le temps" (l'arrivée de la pluie, d'un orage, etc.), et dont l'organisme se comporte comme un baromètre.

Il faut ajouter un autre symptôme, tout aussi important quant à sa fréquence, qui consiste en l'émission d'urine en grande quantité au terme d'une crise douloureuse.

Il faudra dans ce cas prendre:

● GELSEMIUM 4 CH.

Tous ces remèdes que nous avons indiqués à la 4 CH devront être pris à raison de trois granules à intervalle de quelques minutes; espacez les prises dès que les granules auront apporté une amélioration.

NEVRALGIE

Nous avons déjà vu qu'il est possible que la cause d'une crise douloureuse soit l'irritation d'un nerf. Les raisons de cette irritation sont souvent peu graves: elle peut être due à des facteurs externes (comme le froid, la chaleur, ou un traumatisme), ou à des facteurs internes d'intoxication (tabac, alcool, alimentation).

Il n'en reste pas moins que la névralgie du trijumeau, qui frappe le plus souvent la tête, est décrite comme l'une des expériences les plus fatigantes et les plus douloureuses que l'humanité connaisse.

Les diverses tentatives effectuées pour la vaincre ont conduit à des pratiques médicales extrêmement destructives (alcoolisations, interventions chirurgicales, etc.) sans que, dans la plupart des cas, les résultats espérés soient atteints. Dans un domaine tellement difficile, le remède homéopathique est utilisé avec succès en cas de névralgies dues à une cause externe, et apporte une grande aide et un soulagement remarquable à celles dont la cause est inconnue.

A ce point, il est clair pour tous qu'en homéopathie, ce n'est pas tant la gravité des symptômes qui importe pour la prescription d'un remède, que les diverses manières dont les symptômes se manifestent. Il est donc évident que dans le cas des douleurs lancinantes d'une névralgie, on pourra utiliser certains des remèdes indiqués pour les céphalées et les migraines. Il existe cependant des situations particulières propres aux névralgies, dont il faudra tenir compte pour la prescription du remède plus "semblable".

Le remède homéopathique le "plus semblable" à la névralgie faciale du trijumeau (surtout si elle se manifeste la nuit, chez des sujets frileux et au niveau du maxillaire) est:

● **ARANEA DIADEMA 4 CH** (névralgie du trijumeau).

Les névralgies peuvent elles aussi affecter un côté ou un autre de la face;

ARANEA a une prédilection pour le côté droit; on pourra la prendre avec un autre remède avec lequel elle sera alternée toutes les demi-heures ou moins:

● **KALMA 4 CH** (névralgie à droite),

lorsque la douleur est très forte même pendant la journée.
Lorsque la névralgie faciale affecte le côté gauche du visage, il sera préférable d'utiliser:

● SPIGELIA 4 CH (névralgie à gauche);

c'est le même remède que nous avons déjà signalé pour les migraines affectant principalement le côté gauche de la tête.
Il faudra aussi se souvenir que les névralgies s'aggravant avec la chaleur devront être traitées avec:

● COFFEA 4 CH (s'aggrave avec la chaleur),

et qu'au contraire, pour les névralgies s'atténuant avec la chaleur et s'aggravant avec le froid, on devra employer:

● ARSENICUM ALBUM (s'aggrave avec le froid).

La névralgie faciale apparue après un coup de froid ou après une exposition prolongée au vent (comme il peut arriver lorsque l'on voyage avec la vitre de la voiture baissée) sera traitée avec:

● ACONITUM 4 CH (coup de froid).

ACONITUM est un remède de premier choix pour les troubles apparaissant après un coup de froid (surtout par froid sec).
La complexité et la gravité de la manifestation douloureuse dans la névralgie du trijumeau mériteraient de toute façon une évaluation de la part du médecin qui pourra vous indiquer d'autres solutions et des remèdes "plus semblables" et appropriés à votre cas. Il ne sera pas non plus inutile d'avoir recours, en plus des remèdes homéopathiques indiqués, à un "complexe" (nous avons déjà parlé de ces préparations), qui dans certains cas s'est révélé vraiment excellent. Il s'agit de:

● SÉDATIF P.C.

préparé par un médecin français, le Docteur P. Chavanon en mélangeant: BELLADONNA, CALENDULA, VIBURNUM, ABRUS, CHELIDONIUM, et ACONITUM, et qui a un effet calmant non seulement du point de vue physique, mais aussi moral.

Vertiges

Voilà un autre symptôme qui peut se présenter avec de très nombreuses modalités, et en diverses circonstances. Ses causes sont des plus inoffensives (faiblesse, faim), aux plus graves (hémorragies, tumeurs). Encore une fois, on ne vous demande pas de "faire un diagnostic" sur ce trouble, mais d'en identifier certaines caractéristiques qui le rendront plus facile à dominer au moyen du simillimum.

Il faut ici préciser que les vertiges ne sont pas uniquement ceux que l'on peut éprouver en regardant dans le vide depuis une certaine hauteur, mais qu'ils comprennent aussi toutes ces sensations de "tête qui tourne" dépendant des causes dont nous avons déjà parlé. Voyons-en quelques-unes.

Le remède principal pour tous les vertiges choisi par beaucoup de médecins homéopathes est:

● ARGENTUM NITRICUM 5 CH (vertiges)

surtout lorsqu'ils s'aggravent dans un milieu chaud et dans l'obscurité.

Un autre grand remède contre les vertiges est la Ciguë dont les effets ont été décrits par Platon à propos de la mort de Socrate. Son nom officiel, sous lequel on la trouve dans les pharmacies comme remède homéopathique est:

● CONIUM MACULATUM 5 CH (vertiges en se couchant).

Elle doit naturellement être diluée et dynamisée selon la méthode hahnemannienne; elle est particulièrement indiquée dans les cas de vertiges qui apparaissent ou s'aggravent dès que l'on se couche dans un milieu fermé. Si, au contraire, les symptômes se manifestent avec plus d'insistance et de gravité en plein air, le remède sera:

● COCCULUS 5 CH (vertiges en plein air et en mouvement),

surtout si les vertiges sont aggravés par le mouvement (voiture, train, avion) et font donc partie du groupe de troubles appelés "cinétoses" (mal d'auto, mal de mer, mal de l'air).

En cas de vertige aggravé par le moindre mouvement:

● BRYONIA 4 CH (aggravé par les petits mouvements).

Les vertiges les plus connus, ceux qui sont dus à l'altitude ou éprouvés en regardant dans le vide, peuvent être atténués par:

● GELSEMIUM 5 CH (vertiges dus à l'altitude);

c'est un remède très important pour les sujets anxieux ou émotifs.

Un vertige particulier peut également frapper certaines personnes dès qu'elles se mettent à manger. Ce trouble, souvent causé par un trop grand afflux de sang dans les organes digestifs, sera soigné par l'administration de:

● NUX VOMICA 4 CH (vertiges durant les repas),

trois granules une demi-heure avant les principaux repas.

Cette liste ne peut être exhaustive. Aussi chacun devra-t-il examiner tous les autres symptômes accompagnant son trouble afin de choisir le, ou les remèdes, convenant le mieux à sa propre symptomatologie.

Nous ne pouvons conclure sans signaler un type particulier de vertige appelé, avec les autres symptômes l'accompagnant "syndrome de Menières", du nom du médecin qui le décrivit le premier. C'est un trouble d'origine labyrinthique (c'est-à-dire de la partie la plus interne de l'oreille), ou arthrosique des premières vertèbres cervicales (c'est-à-dire celles qui soutiennent le crâne) caractérisé — en plus des violents vertiges — par des nausées, des vomissements, des bourdonnements d'oreilles et, parfois aussi par une graduelle diminution de l'ouïe.

Ces vertiges sont du ressort du médecin qui établira les origines du trouble et pourra indiquer les remèdes convenant le mieux. En l'attendant, et en cas de crise aiguë, vous pouvez alterner toutes les heures trois granules de:

- Conium 4 CH (syndrome de Menières)

avec trois granules de:

- Cocculus 4 CH (syndrome de Menières).

Souvenez-vous que dans tous les cas, les vertiges ne doivent pas être négligés et qu'il est indispensable de les soumettre au contrôle du médecin ou, selon les cas, du spécialiste en oto-rhino-laryngologie, ou en neurologie.

Nez

On oublie trop souvent que le nez n'est pas seulement un organe permettant de sentir les odeurs, mais qu'il est surtout une voie respiratoire de grande importance pour ses fonctions de filtrage, d'humidification et de réchauffement de l'air inspiré. Celui à qui il est arrivé de se coucher avec le nez "bouché" et de se réveiller le lendemain matin avec la gorge sèche et la bouche pâteuse le sait bien. Il est évident donc qu'il ne faut pas négliger ce petit organe qui peut être affecté par toute une série de troubles pouvant conditionner l'intégrité d'autres organes, ou le bien-être de toute la personne.

RHUME

- Allium Cepa 5 CH (nez qui coule).

Lorsque l'on parle du nez, le premier trouble qui vient à l'esprit est le rhume, que ce soit le rhume dû au changement de température, ou celui dû à une allergie ("rhume des foins"). Le diagnostic sera vite fait si les symptômes du rhume apparaissent, par exemple, durant la saison de la pollinisation, ou au contact de certaines poussières, ou peaux d'animaux, ou s'ils se manifestent périodiquement sans causes apparentes. Mais ici aussi, peu importe le diagnostic quant au choix du remède homéopathique (et uniquement pour cela, entendons-nous) qui pourra être identique dans les deux cas puisque les deux affections présentent des symptômes communs. Pour toute maladie de refroidissement, ou pour mieux dire, pour tout trouble dû à un refroidissement, de quelque genre qu'il soit, le remède à choisir sera toujours:

● ACONITUM 5 CH (symptômes de refroidissement).

Prendre immédiatement trois granules et répéter après 12 ou 24 heures, selon l'évolution des symptômes. Puis, comme nous l'avons indiqué en début de ce paragraphe, on prendra ALLIUM CEPA que l'on peut considérer comme le synonyme homéopathique des symptômes du rhume touchant le nez et les yeux. En fait, l'ALLIUM CEPA n'est autre que de l'oignon (traité homéopathiquement) dont chacun connaît parfaitement les effets sur le nez et les yeux. Pour choisir ALLIUM, il faut toutefois que les sécrétions soient aqueuses et irritantes; autrement, le remède sera:

● EUPHRASIA 5 CH (sécrétions denses du nez).

EUPHRASIA a aussi une affinité particulière pour les irritations souvent concomitantes des yeux.
Mais il peut aussi arriver que les sécrétions du nez ne soient ni muqueuses, ni liquides, mais solides et sèches, rendant la respiration difficile. Dans ce cas, le remède à utiliser sera:

● SAMBUCUS NIGRA 5 CH (nez bouché et sec).

Vous avez très certainement été habitué à traiter la grippe et le rhume allopathiquement: Aspirine et préparations pour instillations nasales (dans la meilleure des hypothèses), antihistaminiques, antibiotiques et vaccinations (dans la pire des hypothèses). Que pense l'homéopathie de tout cela? Un nez qui coule est un signe positif indiquant que l'organisme réagit, et qu'à travers cet organe, il tâche de se libérer de certaines toxines; par conséquent, l'écoulement de ce "flux" bénéfique doit être facilité, tout en éliminant par des remèdes opportuns ses conséquences les plus désagréables. Toutes les préparations communément utilisées pour "dégager le nez": gouttes, pommades, sprays (toujours à base de produits vaso-constricteurs extrêmement nuisibles) sont donc absolument interdites. On peut d'ailleurs affirmer que la plupart des rhinites (inflammations du nez) chroniques sont provoquées par l'usage habituel de ces produits. Il existe des pommades et des instillations homéopathiques qui, par un autre mécanisme, aident à garder le nez dégagé. Les inhalations très banales d'eau et de bicarbonate peuvent elles aussi faire parfaitement l'affaire. En ce qui concerne les antihistaminiques, il faut rappeler que ce ne sont que des palliatifs présentant des effets secondaires extrêmement désagréables comme somnolence, faiblesse, vertiges. Il ne vaut pas la peine de s'étendre sur les antibiotiques qui, comme le dit d'ailleurs leur nom, servent à combattre la vie (des bactéries s'entend!), et comme généralement on ne trouve pas l'ombre d'une bactérie dans le rhume ... Il est vrai, en revanche, que des virus peuvent être en cause, mais pour ceux-là, il n'y a pas d'antibiotique utile. La nature a fourni à l'homme de très puissants anticorps contre ces micro-organismes; laissons-les donc faire leur travail! Ce n'est qu'au cas où cela ne peut se produire (malades, personnes âgées) que la vaccination peut avoir un sens, naturellement préventif. D'ailleurs, tout le monde sait parfaitement qu'un rhume ou une grippe passent d'eux-mêmes après quelques jours.

RHUME ALLERGIQUE ET "DES FOINS"

Ne pas fréquenter les lieux provoquant des allergies peut être, dans certains cas de rhume allergique, l'unique remède préventif, surtout lorsque l'allergène (la substance qui déclenche l'allergie) n'est pas clairement décelée. Il n'en est pas de même pour l'allergie dite "des foins" qui est une affection périodique, saisonnière. Ce trouble apparaît en effet le plus souvent durant l'époque de la pollinisation, période où le facteur allergisant est transporté partout par l'air et est, évidemment, plus abondant à proximité des prés et des terrains cultivés. Dans ces circonstances, ce qui a été dit à propos de l'asthme allergique (voir "Asthme") est également valable et la "désensibilisation", après l'identification de l'agent responsable, pourra donc donner de bons résultats.

En suivant toujours sa logique, l'homéopathie est orientée vers une attitude préventive qui ne refuse donc pas a priori une vaccination antiallergique, mais juge cependant plus approprié de commencer un traitement avec des remèdes homéopathiques adéquats avant d'avoir recours à cette solution. Ce traitement sera entrepris plusieurs mois avant les périodes de crise, afin que le terrain organique se trouve en forme, renforcé et protégé au moment opportun; on commencera donc en hiver (aux mois de novembre ou de décembre) en se conformant au schéma suivant.

● HISTAMINE 9 CH DOSE (rhume des foins),

● POLLEN 9 CH DOSE (rhume des foins).

Les deux remèdes devront être alternés en prenant une demi-dose de l'un et une demi-dose de l'autre à intervalle de quinze jours jusqu'à l'époque de la pollinisation. A ces deux remèdes, vous pourrez également ajouter:

● ALLIUM CEPA 9 CH DOSE,

une dose entière toutes les deux semaines.

Cela pour la première année.

Mais vous ne serez probablement pas encore à l'abri des crises aiguës contre lesquelles vous pourrez employer quelques-uns des produits indiqués pour le rhume normal (en observant toujours bien les symptômes les plus "semblables") et ajouter, le cas échéant:

● SABADILLA 4 CH (éternuements fréquents),

si l'une des caractéristiques de votre rhume des foins est l'éternuement soudain et fréquent, et que vos symptômes s'atténuent avec la chaleur. Avec SABADILLA, vous pourrez alterner:

● KALI IODATUM 4 CH (rhinorrhée brûlante)

lorsqu'en plus des éternuements fréquents, l'on observe d'abondantes sécrétions du nez, fluides et brûlantes.

Il n'est pas rare non plus de rencontrer une crise de rhume des foins accompagnée d'un asthme de la même origine: dans ce cas, en plus des remèdes suggérés pour l'asthme, on peut ajouter:

● NAPHTALINUM (rhume et asthme).

Il ne faut pas non plus négliger l'hygiène du nez: on fera donc des fumigations et des irrigations et, toujours à titre préventif, on protégera les muqueuses (chaque fois que l'on prévoit d'entrer en contact avec des facteurs irritants) avec une pommade homéopathique à base de CALENDULA. Si la première année, ce traitement n'arrive pas à donner les résultats que vous escomptiez, ne vous découragez surtout pas! Répétez le traitement préventif au cours de l'année suivante, mais cette fois commencez-le en février et vous oublierez vite vos ennuis.

SINUSITE

Le nez communique avec les cavités du crâne (appelées "sinus") par de minces canaux et avec les oreilles par les "trompes d'Eustache". Lorsque, à cause de processus inflammatoires ou irritants, ces cavités ne peuvent plus communiquer avec le nez, les sinus se ferment et se remplissent de sécrétions muqueuses et purulentes qui signalent leur présence par des douleurs caractéristiques: au front, au-dessus du nez, ou à la hauteur des zygomas au-dessus des canines. On parle alors de "sinusite", trouble qui apparaît le plus souvent durant les mois les plus froids de l'année, mais qui peut aussi bien se présenter en d'autres périodes.

Les remèdes homéopathiques pour la sinusite seront choisis, comme de coutume, en fonction des symptômes caractérisant la phase aiguë du trouble, ou, dans un but préventif et curatif, lors de la période précédant les crises aiguës.

Pour les symptômes les plus aigus, on prendra:

● KALI BICHROMICUM 5 CH (frontale; sécrétions denses).

C'est aussi un remède utile pour le rhume chronique et pour toutes les affections où il y a production de sécrétions muqueuses denses, difficiles à éliminer, et qui s'atténuent avec la chaleur.

Dans la journée, vous pouvez alterner avec:

● HYDRASTIS CANADENSIS 5 CH (sécrétions denses)

que nous avons déjà rencontré comme remède pour le catarrhe du pharynx et pour un certain type de toux (avec difficulté d'expectoration).

Un jour sur deux, et une seule fois dans la journée, on pourra aussi prendre:

● HEPAR SULFUR 5 CH (facilite le drainage)

qui est le grand remède pour toutes les productions pathologiques de l'organisme et qui favorise l'élimination des sécrétions purulentes de la sinusite.

Dans le cas d'une sinusite chronique, ou se répétant régulièrement au cours de l'année, un excellent remède préventif (et curatif) est:

● SILICEA 9 CH DOSE (sinusite chronique)

à raison d'une demi-dose toutes les deux semaines pendant de longues périodes.

Seront également très bénéfiques les fumigations (inhalations) avec des fleurs de lavande, d'eucalyptus et de thym, mélangées à une cuillerée d'argile verte (vous pourrez trouver tous ces ingrédients dans une bonne herboristerie, ou dans une pharmacie homéopathique).

En suivant les traitements indiqués, les symptômes douloureux devraient disparaître avec l'élimination de leurs causes. Dans le cas contraire, ayez recours aux remèdes proposés pour les douleurs à la tête (voir "Céphalée" et "Migraine") en prenant toujours bien soin de choisir les remèdes les plus "semblables" à votre douleur.

OREILLES

Nous ne voyons qu'une partie de l'oreille, celle qui est externe et qui n'est que rarement atteinte de troubles graves. Nous nous occuperons donc ici de la partie interne de l'oreille, celle qui est invisible (composée de deux parties dites oreille moyenne et oreille interne), appareil de l'ouïe et de l'équilibre.

En ce qui concerne l'ouïe, on peut dire qu'il n'existe aucun remède en mesure de la redonner, bien que dans certains cas, il soit possible de prévenir, ou de retarder, la diminution de l'acuité auditive. Quant à l'équilibre, nous en avons déjà parlé au paragraphe sur les *vertiges*. Nous nous occuperons donc des troubles les plus fréquents et les plus communs de l'oreille interne: les otites et les acouphènes (bourdonnements dans les oreilles).

OTITE

De nombreuses personnes en ont souffert, surtout en âge préscolaire. C'est la plupart du temps un trouble innocent mais qui, s'il est négligé, peut provoquer de gros ennuis et quelques graves complications (surdité, mastoïdites, etc.) aujourd'hui heureusement plus rares. Il s'agit, comme l'indique son nom, d'une inflammation de l'oreille (de la partie située au-delà du tympan) avec fréquente production de pus. Nous avons déjà rappelé que le nez est en communication avec les oreilles par les "trompes d'Eustache": il apparaît donc évident qu'une infection du nez pourra se répercuter sur l'oreille.

Tout le monde connaît la sensation de diminution de l'ouïe qui peut se produire durant un rhume produisant en abondance du mucus nasal, ou bien l'impression que quelque chose presse contre le tympan lorsque, toujours à cause des sécrétions muqueuses, l'air contenu dans l'oreille au-delà du tympan ne parvient pas à se mettre en équilibre avec le milieu extérieur. La sensation est particulièrement désagréable durant une ascension ou un vol en avion. Un nez dégagé et soigné sera donc le premier point pour la prévention des otites; on évitera ainsi que des substances infectées puissent, par pression, être poussées en passant par les trompes d'Eustache, vers l'oreille interne (ne pas se moucher le nez trop violemment). Comme il s'agit en plus d'un trouble qui peut aussi trouver son origine dans l'oreille même, suite à l'exposition de facteurs irritants, comme par exemple le froid, on évitera les expositions directes et prolongées aux courants d'air (par exemple à la vitre de la voiture). Voyons donc quels sont les remèdes dont nous disposons en rappelant tout d'abord que dans ce cas (exposition à l'air froid et sec), le remède sera:

● ACONITUM 5 CH (exposition à l'air froid).

Une autre cause de l'otite peut être la présence d'eau faisant pression sur le tympan ou, cas assez fréquent, une hygiène incorrecte du conduit auditif externe, par l'usage maladroit et non approprié de flocons d'ouate enroulés sur des bâtonnets.
Le remède naturel le plus connu et le plus utilisé en cas d'otite

est la chaleur. Ceux qui en ont souffert connaissent probablement le soulagement que procurent les compresses chaudes, ou même brûlantes (vous souvenez-vous de ces morceaux de coton imbibés d'huile chaude qu'utilisaient nos grand-mères?) qui atténuent la douleur, favorisent la fluidification des sécrétions et en facilitent donc l'élimination. Cette caractéristique fait immédiatement penser à un remède (déjà vu pour les sinusites) qui aime la chaleur:

● SILICEA 5 CH (s'améliore avec la chaleur).

SILICEA est le produit homéopathique spécifique des otites; il a été cette fois indiqué à une plus basse dilution car il doit ici couvrir des symptômes plus aigus et empêcher le passage à une forme chronique. Autre remède ayant une affinité particulière avec l'oreille interne:

● AURUM METALLICUM 5 CH (oreille interne)

qui est capable de faire face aussi à d'autres symptômes de cette partie de l'organe de l'ouïe (bourdonnements, vertiges, diminution de l'ouïe temporaire).

Au cas où l'otite a déjà atteint un stade plus avancé avec des douleurs très aiguës et pulsatives, formation de matières infectées et pus, on favorisera le drainage de la cavité en utilisant alternativement les remèdes suivants au cours de la journée:

● EUPATORIUM PERFOLIATUM (draine les otites),

● HEPAR SULFUR (élimine les sécrétions),

● MYRISTICA SEBIFERA ("bistouri homéopathique").

Ce dernier remède est appelé le "bistouri" des médecins homéopathes à cause de sa capacité à favoriser l'ouverture de foyers infectés. Dans tous les cas, arrivés à ce point, il faudra faire sortir le pus, et si les symptômes ne s'atténuent pas, il faudra immédiatement avoir recours au bistouri d'un spécialiste.

BOURDONNEMENTS (ACOUPHENES)

Même si ce trouble peut être l'indice d'altérations plutôt importantes (hypertension artérielle, rétrécissement d'une artère, sclérose de la chaîne des osselets, etc.) il ne faut pas non plus oublier que chacun de nous, en fixant l'attention sur son ouïe dans le silence, pourra en quelque sorte entendre son propre bourdonnement. On est donc autorisé à affirmer que, plus souvent qu'on ne le pense, un bourdonnement auriculaire dépend d'une sensibilité nerveuse particulière, plus prononcée, par exemple, en période de surmenage ou d'épuisement psychique. Le remède le plus adéquat sera alors ... de tâcher de l'oublier, en lui accordant moins d'importance et d'attention. Aidez-vous en prenant:

● CHININUM SULFURICUM 5 CH (acouphènes),

trois granules le soir avant de vous coucher.

En homéopathie, le CHININUM (le quinquina utilisé par Hahnemann) est connu comme le remède contre les bourdonnements dans les oreilles qu'il est capable de provoquer dans l'usage que l'on en fait en allopathie comme antifébrile. Mais répétons que les causes en jeu peuvent être très nombreuses (parmi lesquelles, assez fréquente: un bouchon de cérumen comprimant le tympan) et qu'elles devront être examinées par le médecin qui pourra alors indiquer le traitement convenant le mieux.

Yeux

Pour l'œil comme pour l'oreille, nous ne nous occuperons que des troubles les plus banals et faciles à identifier et à traiter, restant entendu que l'homéopathie ne fait pas de miracles et qu'elle ne peut donc guérir des altérations de la vue en évolution ou déjà stabilisées. Il est peut-être inutile de dire qu'un organe aussi sensible demande des précautions particulières pour éviter de graves inconvénients: avant tout, de bonnes protections de la surface oculaire contre la poussière, les substances irritantes ou les agents physiques comme les rayons solaires; ensuite, éviter de mettre les mains en contact avec les yeux si l'on n'est pas tout à fait certain qu'elles sont parfaitement propres; enfin une certaine prévention et le traitement des troubles de la vue par l'usage précoce de verres correctifs (auxquels l'homéopathie n'est évidemment pas défavorable) peuvent s'avérer utiles.

INFLAMMATION DES PAUPIERES (BLEPHARITES ET AUTRES)

Le bord des paupières (où sont plantés les cils) est couvert de petites formations glandulaires qui sont souvent affectées par des processus inflammatoires causés par de légers traumatismes (frottements, poussières, irradiations), par leur propre difficulté de drainage, ou par des causes plus complexes dont nous ne nous occuperons pas ici. La conséquence la plus évidente de ceci est la présence d'une sécrétion plutôt dense, tendant à coller les paupières (on la remarque le matin au réveil). Ce symptôme pourra être efficacement traité avec:

● GRAPHITES 5 CH (sécrétions collantes).

GRAPHITES agit aussi sur d'autres symptômes associés à la blépharite, comme la sensation de prurit qui accompagne souvent l'affection, et la tendance à l'ulcération du bord oculaire. Il n'est pas rare que ce trouble soit accompagné de la présence d'une petite formation tuméfiée, rougie et très douloureuse, sur le bord de la paupière, et bien connue sous le nom d'*orgelet* (qui peut aussi être isolé). Dans ce cas, le remède curatif (ou préventif s'il est associé à GRAPHITES) est:

● PULSATILLA 5 CH (orgelet)

qui favorise la "maturation" de l'orgelet en l'empêchant de devenir un petit nodule kystique, qui ne sera plus ni douloureux ni rougi, mais tout aussi gênant, que l'on appelle "chalazion". Pour éliminer ce petit kyste, il faudra s'adresser au chirurgien qui l'enlèvera en effectuant une petite incision après avoir pratiqué une anesthésie locale. L'homéopathie pourra aussi vous venir en aide dans ce cas, surtout si l'apparition du chalazion a été remarquée très tôt, mais il vous faudra avoir plus de patience. Les remèdes à utiliser seront alors:

- STAPHYSAGRIA 5 CH (chalazion),

- PULSATILLA 5 CH (chalazion),

en alternant les deux, un jour l'un, un jour l'autre jusqu'à la disparition du petit nodule.

Pour diminuer la congestion et l'inflammation, on pourra faire des compresses avec un remède que nous connaissons déjà très bien:

- CALENDULA T.M.

diluée dans de l'eau pré-bouillie (ou dans une solution physiologique stérile).

Souvenez-vous aussi que les blépharites peuvent souvent être associées à une inflammation de la conjonctive (la "conjonctivite"), dont nous parlons ci-dessous.

CONJONCTIVITE

Une brusque irritation, par exemple à cause d'un corps étranger, ou d'un traumatisme plus léger mais continu, comme l'action des rayons solaires, peut provoquer une inflammation des tissus qui revêtent l'œil (conjonctive), extrêmement désagréable et parfois même très douloureuse, caractérisée par un vif rougissement, un larmoiement et des sécrétions plus ou moins irritantes. Des symptômes semblables, nous l'avons déjà vu, s'observent aussi dans une affection allergique (le rhume des foins) avec prurit aux coins des paupières qui apparaissent gonflées et rougies.

Dans la conjonctivite, qu'elle accompagne ou non le rhume des foins, et dans les irritations des yeux en général, le remède à utiliser est:

● EUPHRASIA 5 CH (conjonctivite irritante)

qui a justement déjà été indiquée comme remède pour la rhinite allergique avec sécrétions irritantes.

Mais le larmoiement peut aussi ne pas être irritant, ou l'être très peu. Dans ce cas, le remède sera:

● ALLIUM CEPA 5 CH (larmoiement).

Les deux remèdes devront naturellement être alternés lorsque les symptômes indiqués se superposent (c'est-à-dire n'apparaissent pas isolément).

Une autre caractéristique des sécrétions durant une conjonctivite peut intervenir: si elles sont plutôt consistantes et purulentes, on utilisera deux remèdes que nous connaissons déjà:

● PULSATILLA 5 CH (sécrétions purulentes),

● HEPAR SULFUR 5 CH (sécrétions purulentes)

à alterner.

Quant aux symptômes les plus communs et les plus ennuyeux (c'est-à-dire l'irritation et les yeux qui piquent intensément), on pourra les atténuer en utilisant:

● MERCURIUS CORROSIVUS 4 CH (yeux qui piquent et irritation),

● ARGENTUM NITRICUM (yeux qui piquent et irritation)

remèdes de premier choix aussi pour les conjonctivites provoquées par des agents irritants externes, surtout les rayons solaires (on pourra alterner trois granules toutes les demi-heures si les symptômes sont particulièrement graves).

Ajoutons enfin qu'il existe aussi la possibilité d'agir localement, au moyen de collyres appropriés, toujours homéopathiques, à base d'EUPHRASIA et d'ARGENTUM NITRICUM à basse dilution.

Il faut aussi accorder une attention particulière aux diverses formes de conjonctivite purulente à cause du danger de contagion (hygiène, et propreté très soignée des mains!); à l'exposition aux rayons solaires en haute montagne (protection avec des verres fumés et des appareils spéciaux empêchant les rayons de passer, même latéralement); aux lentilles de contact qui dans certaines circonstances peuvent provoquer de sérieuses lésions cornéennes.

SYSTEME NERVEUX
ET PSYCHISME

Voilà un autre domaine extrêmement fertile pour la médecine homéopathique. Nombreuses sont les personnes qui, atteintes de troubles "nerveux" arrivent dans le cabinet d'un médecin homéopathe et affirment: "Je n'en peux plus des tranquillisants, ataraxiques et psycholeptiques". Et encore: "Je me sens intoxiqué", "Je suis entré dans un cercle vicieux"... Le "cercle vicieux" existe réellement, et il est le trouble (parfois une véritable maladie) dérivé de l'usage des médicaments dont nous avons déjà parlé au début de cet ouvrage. C'est une maladie profonde qui donne de grosses préoccupations et crée de sérieuses difficultés au médecin qui doit la soigner. Son cycle pourrait se résumer ainsi: diagnostic, médicament, non guérison, autre médicament, nouveaux troubles, et ainsi de suite.

Les patients, qui se sentent toujours plus mal, ne demandent, le plus souvent, qu'à être écoutés et, qu'avec un peu de patience, on donne de l'importance et de la valeur à leurs malaises. Ils se sont trop souvent entendu dire que "leurs troubles sont imaginaires", qu'"ils ne doivent pas y penser", que "la distraction est le meilleur remède". Mais les choses ne s'améliorent pas et les symptômes nerveux et mentaux finissent par devenir des plus préoccupants et insupportables. C'est alors que ces personnes ont recours à des méthodes de traitement, dont l'homéopathie, pour lesquelles il n'existe pas de "malades imaginaires" et pour lesquelles, dans tous les cas, le malade imaginaire est, par le seul fait de l'être, à considérer comme... un vrai malade. Malade qu'il faut écouter, réécouter, et écouter encore pour saisir l'unique symptôme qui l'identifie et qui, dans le choix thérapeutique homéopathique, l'assimile au remède en mesure de le guérir.

C'est justement dans ce domaine que l'homéopathie apprécie au mieux l'homme-individu malade en tant qu'unité d'esprit et de corps, réalité unique et inséparable dans l'évaluation complète de la maladie à laquelle l'aide pharmacologique (celle du remède) ne pourra être apportée sans l'intervention thérapeutique (tout aussi utile et nécessaire) fournie par le rapport constant et direct avec une personne capable d'écouter (le psychologue, le psychothérapeute).

Aujourd'hui, la médecine traditionnelle néglige trop souvent l'information correcte à fournir au patient atteint de troubles nerveux. Peu savent, en effet, que le traitement de ces troubles par des médicaments, est incomplet, souvent inefficace et parfois même nuisible si l'on n'a pas préalablement fait émerger les origines du malaise psychologique. Les témoins de traitements à base de tranquillisants, anti-dépressifs, et sédatifs ne se comptent désormais plus, tant il y en a, si bien que ces traitements ont fini par être considérés comme "normaux" et habituels. Il ne peut en être ainsi en homéopathie où la contribution pharmacologique apportée par le remède n'est, avant tout, ni "anti", ni "contre" aucun trouble, mais favorise une évolution régulière de la maladie vers la guérison; cela peut, dans le cas des maladies nerveuses, être considéré comme une action encore incomplète, mais elle sera de toute façon préférable au traitement allopathique puisqu'elle agira beaucoup plus profondément et de manière inoffensive.

Il faut encore souligner que l'on ne peut s'attendre à une élimination rapide des symptômes, mais à leur atténuation graduelle jusqu'à leur disparition; c'est pourquoi, dans certains cas particulièrement graves, avant d'entreprendre un traitement homéopathique, et avant d'interrompre l'usage des médicaments allo-pathiques, il faudra consulter un spécialiste. Les symptômes dont nous nous occuperons devront donc s'entendre comme des événements fortuits ou habituels, mais sans les caractéristiques pouvant conditionner un véritable état de maladie mentale.

Anxiété et angoisse

● IGNATIA (anxiété).

Anxiété et angoisse ne sont pas semblables; l'angoisse succède à l'anxiété et est bien plus grave que cette dernière.
IGNATIA est le remède homéopathique le plus indiqué pour les symptômes causés par l'anxiété, surtout chez les femmes (IGNATIA est considérée comme un remède principalement féminin); il est aussi utile pour enrayer la dépression engendrée par un chagrin d'amour et pour combattre toute contrariété. Pour l'homme, un remède analogue et tout aussi efficace est:

● GELSEMIUM (anxiété et angoisse).

Il est évident qu'en cas de similitude des symptômes, les deux remèdes pourront convenir aussi bien à l'homme qu'à la femme.
Les symptômes dont nous avons parlé ne doivent pas trop préoccuper s'ils sont provoqués par des causes bien évidentes, ou créés par des situations d'une certaine importance. Ils deviennent plus graves lorsqu'ils se répètent plus souvent, ou avec une intensité particulière, allant même jusqu'à être à l'origine de certains symptômes de nature physique (altération des battements du cœur, contractions musculaires, essoufflement, respiration difficile) qui demandent un traitement opportun.
Voyons-en quelques-uns:

Si l'anxiété est accompagnée de l'augmentation de la fréquence du pouls et si les battements du cœur sont perçus physiquement, prendre:

● ACONITUM 5 CH (palpitations).

Si l'on a l'impression de ne pouvoir respirer profondément et d'avoir la gorge serrée:

● IGNATIA 5 CH (oppression à la poitrine).

Si l'on est obligé de bouger:

● ARSENICUM ALBUM 5 CH (agitation).

Si l'anxiété se manifeste surtout lorsqu'on est seul:

● MOSCHUS 5 CH (grave agitation).

Si ARSENICUM ALBUM n'a pas donné l'effet désiré, et que l'agitation semble atteindre son paroxysme:

● ARGENTUM NITRICUM 5 CH (hâte).

L'anxiété d'ARGENTUM NITRICUM est caractérisée par la hâte de faire toute chose, de finir tout travail avant même de l'avoir commencé (c'est l'anxiété des "temps modernes"...).
Un autre type d'anxiété peut pousser ceux qui en souffrent à manger sans arrêt, car ils ont l'impression que ce n'est qu'ainsi qu'ils peuvent l'apaiser. Le remède est alors:

● ANACARDIUM ORIENTALIS 9 CH DOSE (en cas d'anxiété qui s'améliore en mangeant),

une demi-dose en milieu de. la matinée, deux fois par semaine. Nous avons déjà vu que, parfois, l'habitude de prendre certains médicaments est telle qu'il est fastidieux de l'interrompre complètement et brusquement, pour entreprendre un traitement homéopathique. Nous conseillons cependant d'essayer de le faire,

en en observant bien les conséquences et en étant prêt à intervenir si les symptômes devaient causer des souffrances excessi-
ves. Une désaccoutumance correcte se fait par la diminution
des doses habituelles de médicaments de manière graduelle (par
exemple un quart à la fois) jusqu'à leur élimination totale.
Entre-temps, on commence à habituer l'organisme à l'action de
sédatifs végétaux beaucoup plus légers et privés de tout effet se-
condaire (ou d'accoutumance) comme par exemple:

● Tilia Tomentosa (sédatif),

à prendre en gouttes, deux ou trois fois dans la journée et avant
de se coucher; ou bien des préparations homéopathiques
comme:

● Sédatif P.C.

dont on doit la formule à un médecin français, le Docteur Chavanon. De plus, on ne devra jamais oublier, chaque fois que
l'on désire faire une désintoxication des produits chimiques
douce et rapide, de prendre deux fois par jour, pendant de longues périodes, trois granules de:

● Nux Vomica 5 CH (désintoxication).

Peurs (phobies)

Nous ne nous occuperons pas ici des peurs rationnelles, c'est-à-
dire celles qui sont provoquées par des situations raisonnablement dangereuses ou logiquement effrayantes, mais bien de ces
situations (dites justement "phobies") qui ne constituent pas à
l'apparence, des motifs particuliers de peur. Pour chacune de
ces situations, définie par un terme spécifique, il existe un remède homéopathique, mais si le trouble persiste ou devient particulièrement grave, il faudra aussi avoir recours au traitement
psychothérapique.

Avant tout, pour tout trouble *sine materia*, c'est-à-dire sans cause apparente précise, le remède de premier choix est:

● THUYA 9 CH DOSE (malade imaginaire).

Nous avons déjà dit que pour l'homéopathie, il n'existe pas de malades imaginaires, mais la plupart du temps, des personnes souffrent d'une "phobie" dite "hypocondrie" qui n'est autre qu'une affection nerveuse qui rend le malade angoissé pour sa santé:

THUYA est un excellent remède pour toute idée fixe ou obsessionnelle.

D'autres phobies fréquentes sont: la peur des lieux fermés, exigus ou de l'obscurité (claustrophobie) pour laquelle le remède est:

● ARGENTUM NITRICUM 9 CH DOSE (claustrophobie).

Pour la peur des gens en général, et en particulier de la foule (agoraphobie), ou pour la peur de la mort le remède est:

● ACONITUM 9 CH DOSE (agoraphobie).

La peur de l'eau (hydrophobie) a elle aussi un bon remède homéopathique:

● STRAMONIUM 9 CH DOSE (hydrophobie).

A utiliser aussi en cas de terreurs nocturnes (la peur de l'obscurité très fréquente chez les enfants) et de peur des chiens.

Dépression

Pour consoler, ne serait-ce qu'un peu, les éternels "déprimés", il faut dire qu'à une époque comme la nôtre, où les rapports humains se font toujours plus rares, cédant la place aux rapports impersonnels et peu satisfaisants, la dépression est l'un des symptômes psychiques les plus répandus, mais que, grâce aux produits et remèdes existants, on parvient à la dominer. Il faut dans ce cas aussi, rappeler que ni les produits chimiques (anti-dépressifs), ni le remède homéopathique ne peuvent à eux seuls guérir une dépression, mais qu'il faut avant tout en identifier les causes et les motivations les plus profondes.

Il existe, on le sait, des dépressions peu graves qui, comme dans le cas des peurs, ont une cause rationnelle et très évidente qui n'en reste cependant pas moins difficile à éliminer. Voyons quelques-unes de ces causes et indiquons-en les remèdes.

Il arrive souvent qu'une mauvaise nouvelle devienne une source de préoccupation telle qu'elle finit par devenir le motif d'une dé-pression; le remède qui convient dans ce cas est:

● GELSEMIUM 9 CH DOSE (dépression suite à une mauvaise nouvelle).

Un chagrin, une contrariété inattendue sont fréquemment cau-ses de dépression; on pourra alors s'aider avec:

● IGNATIA 9 CH DOSE (chagrin, deuil).

Il y a des personnes qui voient tout "en noir". Un grand pessi-misme incontrôlable les envahit; cela arrive souvent aux fem-mes, surtout au moment des menstruations. Leur remède est:

● SEPIA 9 CH DOSE (pessimisme aggravé par les menstrua-tions).

Une déception amoureuse vous a fortement déprimé et ceux qui essayent de vous consoler ne font qu'aggraver votre état. Pre-nez tout de suite:

● NATRUM MURIATICUM 9 CH DOSE (en cas de dépression aggravée par la con-solation).

Un choc, une peur, une nouvelle ont représenté pour vous un "coup dur". Vous vous sentez traumatisé. Utilisez:

● ARNICA 9 CH DOSE (traumatisme psychique)

qui, comme nous avons déjà eu l'occasion de le constater (voir chapitre "Fractures et contusions") est également utile à des dilutions inférieures, pour les traumatismes physiques.

Pour les formes de pessimisme et de dépression extrêmes:

● AMBRA GRISEA 9 CH DOSE (pessimisme extrême).

C'est le remède des personnes qui n'ont ni ressources ni énergies psychiques (et physiques).

Si, en plus de la dépression nerveuse on observe aussi un épuisement physique, on pourra alterner AMBRA GRISEA avec:

● PHOSPHORIC ACID 9 CH DOSE (manque d'énergies).

Il existe un remède que la médecine homéopathique juge comme un euphorisant, et qui convient parfaitement aux personnes suicidaires:

● AURUM METALLICUM 9 CH DOSE (idées de suicide).

Mais avant d'en arriver là, réagissez! Cherchez des personnes ayant envie de vous écouter et de vous écouter encore. Efforcez-vous d'effectuer une activité physique quelconque (course, longues promenades, gymnastique); cherchez une occupation, un "hobby" qui puisse vous distraire, et surtout, ne buvez pas d'alcool en quantité excessive et ne prenez pas d'excitants ou autres substances de ce genre (c'est le moment où une habitude qui semble faire du bien peut se transformer en un vice très dangereux). On peut encore ajouter un remède en mesure de redonner confiance:

● KALI PHOSPHORICUM 9 CH DOSE (redonne confiance).

KALI PHOSPHORICUM est un grand remède qui fortifie le système nerveux et est capable de guérir les insomnies des personnes qui se réveillent au moindre bruit; il soigne aussi à merveille les dépressions des intellectuels fatigués.

Il faut rappeler que de récentes études sur des particules minérales (se trouvant en très petites quantités dans notre organisme) ont mis en évidence le rôle primordial de l'un de ces éléments en cas de dépression: le Lithium.

L'homéopathie admet la thérapie par les ''oligo-éléments'' (puisqu'elle se base sur des principes naturels), thérapie qui, dans le cas des dépressions, utilise le LITHIUM. Il sera bon toutefois, pour son utilisation (qui peut avoir lieu par voie orale ou par injection hypodermique) de s'adresser à un médecin.

Nervosité (irritabilité)

L'irritabilité nerveuse peut être un élément du caractère d'une personne difficile à modifier, et qu'il n'est d'ailleurs pas absolument nécessaire de modifier si la personne en question ne vit pas ce symptôme comme un trouble ou un grave défaut.

En vérité, la nervosité est plus fatigante pour les autres que pour nous-mêmes et nous ne nous en apercevons que lorsque ceux qui nous entourent nous trouvent ''insupportables''.

Il existe cependant des moments où cette irritabilité atteint des niveaux vraiment ennuyeux, même pour celui qui en est atteint, l'obligeant presque à prendre des attitudes antipathiques ou impolies.

Les remèdes les plus utiles dans ces situations ne sont pas nouveaux: nous les avons déjà rencontrés pour d'autres troubles. On peut toutefois faire ici une distinction assez nette entre les symptômes observés chez les personnes de sexe féminin, pour lesquelles le remède est:

● IGNATIA 5 CH (irritabilité chez les femmes),

et ceux présentés par les individus de sexe masculin, pour lesquels le remède est:

● NUX VOMICA 5 CH (irritabilité chez les hommes).

Nous pouvons encore ajouter, selon les symptômes:

● STRAMONIUM 5 CH (violent),

lorsque l'irritabilité a tendance à se transformer en une réaction incontrôlable, violente et furieuse.
Si la nervosité est provoquée par une situation de jalousie maladive:

● LACHESIS 5 CH (jalousie).

Si le contact physique est insupportable et cause des situations d'irritabilité nerveuse particulièrement intense:

● CHAMOMILLA 5 CH (ne supporte pas le contact).

Le fait d'être nerveux peut aussi contraindre à bouger continuellement les jambes.
Le remède est alors:

● ZINCUM 5 CH (agitation des jambes).

ZINCUM est aussi un excellent calmant en général surtout dans les cas où agitation et dépression se succèdent.
Si votre nervosité se calme à l'écoute de la musique, prenez:

● TARENTULA HISPANA 5 CH (nervosité calmée par la musique).

Douleurs (névralgies)

Les nerfs sont toujours en cause lorsque l'on parle de sensations douloureuses puisqu'ils sont les principaux transmetteurs de ces symptômes.
Il existe toutefois des situations particulières où c'est le nerf lui-même qui est, pour ainsi dire "malade" et souffrant; on parle alors de "névralgie". Nous avons déjà vu certaines de ces affections pour lesquelles on se reportera aux paragraphes corres-

pondants ("Douleurs lombaires et au dos", "Sciatique", "Tête"). Nous ne rappellerons ici que quelques-uns des remèdes de première nécessité:

● MAGNESIA PHOSPHORICA 5 CH (douleur soudaine).

Remède pour toute douleur apparaissant soudainement et qui s'atténue en appliquant sur la région atteinte des compresses chaudes.
Dans les névralgies "fulgurantes", surtout diurnes et aggravées par le mouvement, prendre:

● KALMIA LATIFOLIA 5 CH (douleur fulgurante).

Si les douleurs névralgiques sont plus fréquentes durant la nuit et se manifestent comme de brèves décharges électriques:

● PHYTOLACCA 5 CH (douleur genre décharge électrique).

Rappelons aussi que d'excellents résultats s'obtiennent dans le traitement des douleurs avec l'acupuncture chinoise, une méthode qui a fait ses preuves et qui est absolument acceptée par l'homéopathie puisqu'elle se base sur des principes naturels, en harmonie avec ceux qu'elle recommande elle-même. La même efficacité s'observe aussi dans une méthode particulière de l'acupuncture, mise au point par le Professeur Nogier, qui s'applique exclusivement au pavillon auriculaire et qui se nomme "auriculothérapie".

Insomnie

L'insomnie s'installe à travers des mécanismes souvent tellement obscurs et complexes que leur identification est parfois très difficile à établir. Les moyens mis en œuvre pour vaincre ce trouble sont souvent bizarres et curieux, certains ont même des accointances avec la magie. Ceci prouve à quel point le sommeil occupe une place importante dans la vie d'une personne. Et nul ne le nie, le sommeil est vital: on ne peut vivre sans sommeil. C'est un fait naturel dépendant de mécanismes automatiques relatifs aux fameux "biorythmes". Comme la dépression, l'insomnie semble frapper de plus en plus de personnes: l'augmentation de la consommation de substances sédatives et hypnotiques prescrites pour vaincre ce trouble en témoigne. Ses causes peuvent être des plus variées; les plus répandues sont la nervosité, la dépression, la neurasthénie, la mauvaise digestion et les intoxications.

L'insomnie ne peut être soignée uniquement par des tranquillisants, sauf dans le cas où elle se présente comme un événement isolé dans la vie d'un individu; en effet, une fois le tranquillisant abandonné, l'insomnie peut se représenter avec les mêmes caractéristiques, ou avec des caractéristiques toujours plus graves, jusqu'à devenir une véritable maladie, issue le plus souvent de l'usage des médicaments qui étaient censés la soigner.

L'homéopathie a aidé une foule d'individus à retrouver le goût d'une nuit passée tranquillement dans son lit, sans être obsédé par le "somnifère" toujours prêt sur la table de chevet.

Il est évident que passer de l'emploi de tranquillisants chimiques à celui de remèdes homéopathiques n'est pas chose facile. Il faudra non seulement rééduquer le corps du patient mais aussi transformer certains comportements de celui-ci.

Il sera donc nécessaire de remettre en question toutes les habitudes de vie du patient et d'en modifier certaines.

1. Tâchez avant tout d'éliminer les substances "excitantes" (café, thé, tabac, etc.) et de vous alimenter modérément, surtout le soir; mangez calmement, sans vous jeter sur les plats. Certains aliments ont une action légèrement sédative (lait, miel, laitue, ail, pommes non épluchées, et quelques types de racines): consommez-en. Autre règle: ne vous couchez pas trop tôt après les repas.

2. Dans la lutte contre l'insomnie, l'activité physique quelle

qu'elle soit, joue un rôle essentiel. Elle ne doit cependant pas être violente; elle doit être exercée de manière modérée et continue. Seront, par exemple, extrêmement utiles, avant de se coucher, des exercices de Yoga, ou des exercices de relaxation (comme le "training autogène").

3. Souvent, la position du lit peut favoriser le sommeil, ou au contraire, l'insomnie, tout comme la position que l'on a l'habitude de prendre en dormant. Rappelons que la meilleure orientation pour bien dormir (c'est prouvé!) est celle où la tête est tournée vers le Nord. La position la plus indiquée pour dormir est d'être couché sur le côté droit. La température de la chambre a elle aussi son importance: elle ne devra pas dépasser les 18° C.

4. Toujours avant de vous coucher: faites des bains de pieds, ou si vous préférez un bain complet, dans de l'eau pas trop chaude.

Tâchez en même temps de réduire graduellement tous les tranquillisants auxquels vous êtes habitué et remplacez-les par quelques-uns des remèdes homéopathiques indiqués ci-dessous:

● GELSEMIUM 5 CH (contre la crainte de ne pouvoir s'endormir).

GELSEMIUM soigne l'insomnie des personnes qui craignent de se mettre au lit de peur de ne pas réussir à s'endormir; de plus, comme nous l'avons déjà vu (voir "Dépression"), ce remède est utile pour l'insomnie causée par des soucis occasionnés par une mauvaise nouvelle.

Pour l'insomnie due à l'excitation, par exemple à cause d'une bonne nouvelle (le contraire de GELSEMIUM), lorsque l'esprit est excessivement occupé et que les pensées se succèdent sans que l'on puisse les arrêter prendre:

● COFFEA 5 CH (pensées qui se succèdent).

Ce n'est autre que du café homéopathique, c'est-à-dire dilué et dynamisé, qui, selon le principe de similitude, sera efficace pour tous les troubles nerveux procurés par le café même. Mais alors, vous demanderez-vous certainement, comment se fait-il que certaines personnes dorment très bien après avoir bu du café, ou vont même jusqu'à en prendre une tasse chaque soir pour mieux se reposer? La réponse à cette question et son explication résident dans la loi des semblables qui, encore une fois, confirme la validité du principe homéopathique: en effet, ces personnes font de l'homéopathie sans le savoir puisqu'elles utilisent une dilution de COFFEA très basse (plus concentrée) qui soigne leur tendance à avoir les symptômes de COFFEA (abstraction faite, naturellement, des conséquences plus ou moins nuisibles que cette substance peut, à la longue, avoir sur l'organisme).

Lorsque le moindre bruit vous empêche de dormir ou vous fait sursauter dans le sommeil, vous pourrez alterner:

● THERIDION 4 CH (insomnie au moindre bruit),

avec

● KALI PHOSPHORICUM 4 CH (insomnie au moindre bruit).

KALI PHOSPHORICUM, déjà indiqué comme remède pour l'intellectuel fatigué et déprimé, soigne aussi l'insomnie due à la fatigue mentale. Lorsque sont en cause la fatigue physique, l'activité sportive ou le travail, le remède adéquat est:

● ARNICA 4 CH (fatigue physique).

La journée a-t-elle été particulièrement "stressante"? Il vous semble que tout est allé "de travers"? Avant de vous coucher, prenez:

● IGNATIA 4 CH (contrariétés).

Si vous avez copieusement dîné et que vous vous sentez

alourdi, probablement avez-vous la nausée à la seule idée d'aller vous coucher! Prenez alors:

● Nux Vomica (excès alimentaire).

Vous ne parvenez à dormir que si vous voyez de la lumière, ou en gardant la lumière allumée? Vous craignez l'obscurité? Le remède qu'il vous faut est:

● Stramonium 5 CH (crainte de l'obscurité).

Il arrive souvent que l'on éprouve la sensation d'avoir sommeil, mais que l'on ne parvienne pas à dormir. Ce symptôme provoque une insomnie fatigante que l'on peut soigner avec:

● Belladonna 5 CH (envie de dormir sans y parvenir).

Belladonna est aussi utile aux personnes qui grincent des dents pendant leur sommeil, ou à celles qui, au moment de s'endormir, sursautent ou ont de brusques mouvements d'agitation. L'aide de Belladonna sera également précieuse à tous ceux qui ont l'habitude de "parler en dormant".
Aux conseils donnés au début de ce paragraphe, il faut ajouter une suggestion qui concerne un type de traitement de l'insomnie vis-à-vis duquel l'homéopathie n'est pas tout à fait contre: l'herboristerie. Certaines tisanes (absolument inoffensives) produisent en effet un résultat positif sur certains types d'insomnie: par exemple la Passiflore, le Tilleul et, dans certains cas, la Camomille et le Café. L'homéopathie, disions-nous, n'est, en principe, pas contre les tisanes, mais il faut faire attention aux substances utilisées par l'herboristerie, substances qui peuvent anéantir les effets des remèdes homéopathiques, rendant ainsi leur absorption inutile (par exemple la menthe et la camomille). Bien que l'innocuité d'une infusion et sa tolérance par rapport à un produit chimique soient indiscutables, nous conseillons de demander l'avis du médecin homéopathe avant d'associer toute tisane à un remède homéopathique.

GROSSESSE ET ACCOUCHEMENT

S'il est vrai qu'il est toujours temps de se soigner homéopathiquement, il n'en est pas moins certain que commencer un traitement le plus précocement possible donnera des résultats plus sûrs et meilleurs. Un traitement homéopathique peut déjà être appliqué à un enfant qui va naître, en accord avec un principe qui se base sur les orientations les plus modernes du domaine de l'"eugénique". L'homéopathie est un excellent outil "eugénique": elle facilite le bon déroulement de la grossesse et de l'accouchement; elle agit sur la santé et le bien-être du fœtus et en favorise l'expulsion au moment opportun. Mais la réponse à donner aux futures mamans qui se demandent si l'homéopathie peut être dangereuse pour l'enfant à naître, ou si elles peuvent commencer un traitement homéopathique durant la grossesse, ne peut être que celle-ci: un traitement homéopathique, quel qu'il soit, n'offre aucun danger ni aucune contre-indication; cependant, les principes homéopathiques de base (connaissance du sujet à traiter) ne peuvent être totalement respectés, puisque l'on agit de manière "préventive" sur un terrain qui est encore en phase de formation; aussi ne peut-on être certain de pouvoir influencer les caractéristiques génétiques de l'enfant à naître. Les remèdes les plus indiqués durant les premiers mois de *grossesse* sont ceux que l'on appelle "remèdes de fond" (ils ne figurent pas sur la liste des médicaments à avoir dans sa pharmacie); ces remèdes (faut-il encore le répéter?) sont absolument inoffensifs, ne sont toxiques ni pour la mère ni pour le fœtus et ne causent en aucun cas des effets secondaires dangereux ou désagréables.

Grossesse

Dans un but "eugénique", les futures mamans pourront prendre pendant toute la période de la grossesse:

● PSORINUM 9 CH,

● MEDHORRINUM 9 CH,

● LUESINUM 9 CH,

● TUBERCOLINUM 9 CH.

Chaque remède doit être pris en une dose unique tous les quarante jours. Entre les prises des différents remèdes laissez un intervalle de dix jours.

Si au cours de la grossesse il devait apparaître quelque malaise, dont la cause n'est pas due à la grossesse même, on pourra prendre les remèdes homéopathiques correspondant aux symptômes, selon ce qui a été suggéré dans les pages précédentes. Quant aux troubles typiques de la grossesse, il existe deux remèdes de premier choix. Un trouble se manifestant très fréquemment chez les femmes enceintes et qui a tendance à disparaître spontanément après le troisième mois de grossesse est la *nausée* accompagnée ou non de *vomissements*. Ce trouble peut devenir très important surtout s'il se répète plusieurs fois dans la journée. On pourra atténuer et guérir ces malaises en prenant:

● SEPIA 5 CH (nausée),

trois granules toutes les deux ou trois heures en alternance, lorsque les vomissements prévalent avec:

● IPECA 5 CH (vomissements).

Beaucoup de futures mamans ont tendance à *augmenter excessivement leur poids* durant la grossesse. Une certaine augmentation de poids est bien entendu physiologique (c'est-à-dire tout à fait normale); mais lorsqu'elle dépasse certaines limites (en période de grossesse ou immédiatement après l'accouchement), il est nécessaire d'entreprendre un traitement adéquat. Le remède le plus indiqué sera alors:

● THUYA 9 CH DOSE (obésité),

une dose tous les quinze jours alternée avec:

● NATRUM SULFURICUM 9 CH DOSE.

N'oubliez pas que pendant la grossesse, il est nécessaire de contrôler certaines données hématologiques (analyses du sang) afin de s'assurer qu'il n'existe ni déséquilibres ni dysfonctionnements qu'il faudrait alors soigner à fond.

Un autre trouble assez fréquent pendant la grossesse qui dépend parfois directement de l'augmentation de poids ou d'une attitude particulière que peut prendre la colonne vertébrale de la femme enceinte est le *mal au dos*, ou une sensation de lourdeur au niveau lombaire; cet inconvénient sera atténué par l'administration de:

● KALI CARBONICUM 5 CH (douleurs vertébrales),

et naturellement par celle de tous les autres remèdes indiqués pour le "mal au dos".

A propos de la *tendance à faire une fausse couche et de l'hyperexcitabilité utérine* (qui peut être une cause d'avortement spontané), le traitement doit logiquement avoir un caractère préventif; il est avant tout recommandé de se soumettre régulièrement et périodiquement au contrôle du gynécologue, car c'est là le meilleur moyen d'éviter des surprises désagréables. On suivra aussi quelques conseils dictés par le bon sens par rapport aux activités physiques quotidiennes, à l'absorption de certains aliments, de substances toxiques et pharmaceutiques (problème qui ne vous concerne pas si vous vous soignez homéopathiquement). Dans tous les cas, si vous craignez une interruption involontaire de la grossesse, soignez-vous avec:

● SABINA 5 CH (hyperexcitabilité utérine),

et dans le cas d'une véritable menace d'avortement avec:

● ARNICA 9 CH DOSE (menace d'avortement),

une dose à prendre immédiatement. Ensuite, si l'avortement devait déjà être en cours:

● CHINA 4 CH (avortement en cours),

● SABINA 4 CH (avortement en cours),

● SECALE CORNUTUM 4 CH (avortement en cours),

en alternant les trois remèdes (deux granules toutes les demi-heures). Ce traitement sera d'autant plus efficace que vous le commencerez tôt, en tenant compte que SABINA et SECALE CORNUTUM agissent efficacement surtout dans les trois premiers mois de la grossesse.

D'autres conseils thérapeutiques pourront être fournis par le médecin tout au long de la grossesse: il s'agit là d'une période extrêmement délicate que le médecin a le devoir de suivre en prévoyant et prévenant les complications les plus fréquentes par la prescription des analyses et des examens les plus opportuns. Et surtout, ne négligeons pas les recommandations les plus élémentaires (bon sens!): modérez l'alimentation et contrôlez-en la qualité; sans l'interrompre brusquement, réduisez progressivement votre activité physique au fur et à mesure que la grossesse avance; éliminez alcool et tabac; évitez les radiographies et les radiations dangereuses de tous genres (même la T.V.); il existe aujourd'hui des examens inoffensifs pour le fœtus (échographie); évitez les remèdes allopathiques et surtout les tranquillisants, les antibiotiques, les anticoagulants, la cortisone et même, dans les derniers mois, l'Aspirine.

Accouchement

Le moment culminant de la grossesse, l'accouchement, est très souvent craint à cause des souffrances qu'il occasionne et que de nombreuses femmes considèrent comme insupportables. Comme on le sait, la douleur se manifestant dans les diverses phases de l'accouchement est ressentie de manière différente selon les individus, si bien qu'elle assume une intensité et des caractéristiques diverses en fonction de certains facteurs comme par exemple la culture, le milieu social, la race, etc. En effet, ce qui est tout à fait "naturel" et physiologique pour certains groupes ethniques peut devenir "artificiel" et, avouons-le, semblable à une véritable maladie dans d'autres contextes sociaux, au point de pousser la recherche de moyens cliniques ou autres pour en réduire certains soi-disant "symptômes".
La phrase menaçante: "Femme, tu enfanteras dans la douleur...!" a probablement déterminé chez beaucoup de femmes la certitude que l'accouchement est un événement extrêmement douloureux et traumatisant; mais s'il est vrai que pour un bon déroulement de l'accouchement, il faut s'attendre à une certaine "dose" de douleur due à des raisons physiologiques (en effet, la douleur n'est autre que la conscience — dans ce cas indispensable — des contractions utérines), il est tout aussi vrai que cette même sensation peut être "traduite" en un stimulus efficace et de moindre souffrance. Tout le monde a entendu parler des méthodes dites "d'accouchement sans douleur": il s'agit d'exercices respiratoires et physiques qui aident la parturiente au moment de l'expulsion du fœtus de manière naturelle et "physiologique". Ces méthodes sont admises, pour ne pas dire

recommandées, par la médecine homéopathique qui agira en outre grâce à ses remèdes aussi bien dans la phase de dilatation, que dans celle des douleurs et celle, finale, de l'expulsion. Dans ce but, on suivra un traitement préventif (à effectuer au cours des deux semaines précédant l'accouchement) avec les remèdes suivants:

● ARNICA 5 CH (préparation à l'accouchement),

● CAULOPHYLLUM 5 CH (préparation à l'accouchement),

● PULSATILLA 5 CH (préparation à l'accouchement),

trois granules de chaque dans la journée: l'un vers 11 heures du matin, l'autre en milieu d'après-midi, et le dernier le soir avant de se coucher.
Ce traitement qui devra être suivi jusqu'au jour de l'accouchement suffira à favoriser une parturition tranquille et "sans douleur". Si le jour de l'accouchement votre sensibilité devait vous causer une plus grande souffrance, alternez toutes les demi-heures:

● COFFEA 4 CH (douleurs de l'accouchement),

avec

● CHAMOMILLA 4 CH (douleurs de l'accouchement),

trois granules de l'un et de l'autre.
Immédiatement *après l'accouchement*, pour éviter toute conséquence ou ennui, prenez encore pendant cinq jours (deux fois dans la journée):

● CHINA 5 CH (*post-partum*),

● ARNICA 5 CH (*post-partum*),

en les alternant.

LES ENFANTS

Ce chapitre pourrait à lui seul faire l'objet d'un ouvrage entier bien que, comme nous le disions au début de ce volume, il n'existe pas de remèdes ou de dosages spécifiques aux enfants ou aux adultes, mais uniquement des remèdes "semblables" pour des maladies "semblables". C'est pourquoi beaucoup de remèdes déjà indiqués pour les adultes peuvent tout aussi bien convenir aux enfants. La nécessité de faire une certaine distinction n'est que d'ordre pratique, pour rendre la consultation de certains symptômes et troubles typiques des enfants plus simple. Le traitement homéopathique convient tout particulièrement aux enfants: les remèdes sont modérément sucrés (et donc bien acceptés par les plus petits); on peut tous les administrer par voie orale, évitant ainsi les autres voies d'administration (suppositoires, piqûres) peu agréables pour les enfants; et enfin, si l'enfant est encore très petit et qu'on ne peut lui faire garder les granules en bouche, ces derniers pourront être dissous dans un peu d'eau (de préférence pure et pré-bouillie) à administrer par cuillerées au moment opportun. Inutile d'ajouter que les remèdes homéopathiques peuvent être utilisés en toute tranquillité vu leur inoffensivité et l'absence totale de toxicité, d'effets secondaires et de danger pouvant provoquer des allergies.
On peut affirmer avec certitude que l'homéopathie fait de véritables merveilles sur les enfants! Leur organisme encore en formation répond au traitement homéopathique très rapidement,

mais graduellement, sans brusques changements des conditions physiques de base. Le traitement homéopathique sera encore plus efficace si l'enfant à traiter est né d'une mère soignée homéopathiquement, ou qui a suivi le traitement "eugénique" indiqué au chapitre précédent.

Ici aussi, voyons quelques conseils dictés par l'expérience et par le "bon sens" auquel nous sommes désormais habitués: avant tout, ne vous alarmez pas excessivement et n'alarmez pas vos enfants dès les premiers symptômes de fièvre ou d'intolérances alimentaires (phénomènes assez fréquents et qui inquiètent beaucoup). Il faut, au contraire, que vous appreniez à exercer un certain contrôle sur le bien-être de votre enfant: tâchez d'en interpréter les gestes, les expressions, les pleurs, rendant ainsi plus grande votre capacité à "prévenir" la maladie. Dans les premières années de vie de l'enfant, il est très important de réduire au maximum le danger de rompre ses défenses naturelles (par l'usage de médicaments comme les antibiotiques, la cortisone, les anti-inflammatoires); commencez plutôt un traitement homéopathique adéquat au moment opportun. N'hésitez donc pas à consulter votre médecin ou votre pédiatre, et tant mieux si vous avez la chance d'en connaître un qui soit expert en médecine homéopathique.

Les parents doivent savoir qu'un enfant soigné homéopathiquement depuis sa naissance sera, une fois devenu adulte, un patient facile à soigner puisqu'il présentera des symptômes simples et clairs et donc aisés à guérir. Cela peut vous être confirmé par toute personne ayant connu l'homéopathie et par tout médecin comptant parmi ses patients des personnes qui ont été soignées homéopathiquement depuis leur naissance.

Nous disions qu'en homéopathie, il n'existe pas de différence entre les symptômes de l'adulte et ceux de l'enfant, mais il y a des situations de la première enfance qui demandent une attention particulière; il y a des questions et des doutes que l'on se pose sur la façon de se comporter en présence d'une maladie exanthématique, infectieuse, ou vis-à-vis des vaccinations, des hausses de température sans motif apparent. On devra donner à ces questions une réponse selon la logique et la pensée homéopathique et choisir tour à tour les remèdes adéquats.

Le nourrisson

Vous avez peut-être déjà eu l'occasion d'entendre un médecin vous demander si vous avez été allaité au sein ou artificiellement: cela l'intéresse pour déduire les problèmes qui peuvent avoir déterminé un choix alimentaire différent de celui qui est fourni par la nature. Le lait maternel est un aliment complet (contenant tout ce qui est utile et nécessaire à la croissance du petit enfant) et est pratiquement irremplaçable dans l'économie du nourrisson. Il existe toutefois des situations où un allaitement naturel ne peut avoir lieu: la plus commune est le manque de lait chez la mère. Il y a en homéopathie des remèdes qui peuvent, dans ce cas, favoriser la "montée de lait". On devra prendre quotidiennement, à intervalle de trois ou quatre heures, trois granules de:

● AVERNA SATIVA 5 CH (montée de lait),

● URTICA URENS 5 CH (montée de lait),

● ALFALFA 5 CH (montée de lait).

Lorsque l'impossibilité d'allaiter est causée par une *douleur aux seins* excessive, utilisez:

● PHELLANDRIUM 5 CH (douleurs au sein droit),

● ASTERIAS 5 CH (douleurs au sein gauche),

qui devront naturellement être alternés dans le cas de douleurs aux deux seins.
Lorsque c'est le nourrisson qui refuse le sein, n'oubliez pas

d'enquêter en premier lieu sur les causes les plus banales, comme par exemple le goût du lait qui peut être influencé par des substances absorbées par la mère (épices, substances aromatiques, etc.).

Si par contre le bébé prend le sein mais qu'après il régurgite abondamment et vomit, administrez-lui:

● Aethusa Cynapium 5 CH (vomissements du nourrisson)

en faisant fondre dix granules dans un demi-verre d'eau et donnez-lui une cuillerée à café de la dilution une demi-heure avant chaque tétée.

Si immédiatement après avoir été allaité, ou tout au plus une demi-heure après, l'enfant semble souffrir de *douleurs au ventre*, il est probable qu'il ait tété avec trop d'énergie et avalé une quantité excessive d'air qui, en lui dilatant l'estomac, lui cause des douleurs. Dans ce cas, le remède est:

● China 4 CH (douleurs au ventre)

à administrer selon les modalités suggérées ci-dessus. De plus, n'oubliez pas de conditionner le bébé à un comportement moins "agressif" vis-à-vis de l'alimentation au sein (détachez l'en à plusieurs reprises).

Les *pleurs* du nouveau-né représentent certainement l'une des plus grosses difficultés que rencontrent les parents; ici aussi, les causes peuvent être très banales (faim, soif, trop chaud, etc.), ou bien dépendre d'un véritable état de trouble physique. Vous apprendrez bientôt à reconnaître et distinguer les pleurs signifiant "j'ai faim" de ceux exprimant la colère, ou de ceux représentant une demande d'attention. De toute façon, ne vous alarmez pas tout de suite et surtout, ne soyez pas anxieux: la grande sensibilité de l'enfant est influencée par vos anxiétés et ces dernières ne feront qu'empirer la situation. Tâchez de vous... mettre à sa place: tout comme vous, le bébé peut avoir chaud, froid, souffrir d'insomnie, être gêné par un vêtement, par une odeur qui le dégoûte ou par un bruit qui l'irrite, et il ne peut vous le communiquer qu'en pleurant. Si l'enfant devait toutefois vous sembler trop agité ou excessivement capricieux, soignez-le avec:

● CHAMOMILLA 4 CH (pour enfant qui pleure trop)

à donner avant la nuit, ou au cours de la nuit si le bébé pleure et crie comme s'il était en proie à un cauchemar. Si par contre l'enfant dort tranquillement pendant la première moitié de la nuit, puis se réveille soudainement en montrant une forte agita- tion, donnez-lui:

● COFFEA 4 CH,

trois granules ou deux cuillerées à café d'une solution de dix granules dissous dans un demi-verre d'eau. Votre sommeil sera enfin tranquille comme celui de votre petit, et n'oubliez pas que CHAMOMILLA et COFFEA peuvent aussi convenir aux adultes...

L'enfant sevré

Après le sevrage, on s'attend (et cela est tout à fait normal) à l'apparition des maladies dites "infectieuses": ensemble de symptômes et troubles qui se manifestent suite à la rencontre naturelle du terrain organique avec les germes ou virus peu- plant l'atmosphère.

On sait que les animaux dits "germ-free" c'est-à-dire mis au monde et élevés pendant une certaine période dans un milieu absolument stérile (privé de tout micro-organisme pathogène: germe, bactérie, virus) jouissent d'une excellente santé tant qu'ils sont gardés dans cette "cage dorée", mais qu'ils sont des- tinés à une fin très rapide dès qu'on les libère de leur prison sté- rile. On retire de cette expérience une bonne leçon facile à devi- ner même pour un profane: un organisme qui se développe

dans un "cocon" n'a pas le temps de se créer les défenses nécessaires pour combattre une situation de maladie une fois
qu'on le met en contact avec le milieu externe et toutes ses em-
bûches plus ou moins microscopiques. Il en serait de même
pour l'enfant s'il devait faire l'objet d'une attention absolument
parfaite mais tout autant malencontreuse! Il en aurait été de
même pour nous tous si durant notre enfance nous n'avions pas
produit les défenses (anticorps) qui nous ont ensuite sauvés au
cours de notre vie. Voilà pourquoi l'homéopathie dit: "Bienve-
nues aux maladies de l'enfance!" En effet, ces manifestations
doivent être considérées comme des moments d'importance vitale puisqu'elles donnent au petit organisme la possibilité de
"fabriquer" les anticorps qui le défendront plus tard et, en même
temps de mettre en œuvre une "crise de purification" absolument nécessaire de la maladie même.

Mais alors, l'homéopathie est-elle contre les vaccinations? La
vaccination est l'inoculation, par injection ou éraflure de la
peau, de substances pathogènes (bactéries) très atténuées qui,
pénétrant dans l'organisme, stimulent la formation des défenses
(anticorps) dont nous parlions ci-dessus. La vaccination semblerait donc un principe fondé sur la "loi des semblables". Mais
en vérité la maladie est inoculée à des individus sains et non au
malade qui présente les symptômes semblables à la maladie!
Cela cause souvent, avec l'excuse de la prévention, des dommages parfois plus graves que ceux que provoquerait la maladie
que la vaccination est censée prévenir. De plus, bien que recon-
naissant l'énorme valeur qu'elle possédait autrefois, la vaccination ne peut plus avoir aujourd'hui autant de sens et d'importance: des maladies comme la tuberculose, la diphtérie, la po-
liomyélite sont devenues très rares, pour ne pas parler de la variole. Alors, comment se comporter? En France comme dans
d'autres pays, il existe des lois qui rendent obligatoire (au
moyen de la vaccination) une prophylaxie contre certaines maladies. Il n'est donc pas toujours possible d'éluder un devoir

sanctionné par la législation, bien qu'il existe une certaine élasticité en la matière.

Toutefois, il faut savoir qu'il existe aussi la possibilité de se vacciner homéopathiquement avec des remèdes dits "biothérapiques" composés avec les mêmes substances que celles qui sont contenues dans les vaccins traditionnels, mais diluées et atténuées à la manière homéopathique. Il est clair que, pour le moment, médecins et autorités ne sont ni d'accord ni favorables pour appliquer cette méthode (vraiment efficace) et que pour éviter toute sanction, vous devrez donc soumettre vos enfants aux vaccinations "obligatoires".

Mais vous pourrez toujours les faire immédiatement suivre d'un traitement homéopathique, utile pour éviter les incidents dus aux vaccinations ou les éventuelles complications, comprenant les remèdes suivants:

● SILICEA 5 CH (séquelles d'une vaccination),

● THUYA 5 CH,

à prendre toujours après toute vaccination, en alternant les deux remèdes, trois granules deux fois par jour pendant au moins sept jours.

Pour les vaccinations spécifiques, vous prendrez:

● VACCINOTOXINUM 9 CH DOSE (vaccination antivariolique)

pour la vaccination contre la variole (le jour suivant, au réveil), une demi-dose,

● DIPHTEROTOXINUM 9 CH DOSE (vaccination antidiphtérique)

une demi-dose le matin après la vaccination contre la diphtérie.

Quant aux vaccinations non obligatoires, vous êtes prié de les éviter à tout prix! Préparez-vous plutôt à soigner les symptômes des éventuelles maladies infectieuses contractées par vos enfants en suivant les indications fournies ci-après.

Les maladies infectieuses des enfants

Nous avons déjà souligné l'importance des maladies infectieuses qui sont à considérer comme une défense naturelle de l'organisme encore peu développé contre un agent microbien. A cause d'une caractéristique particulière (l'éruption cutanée), certaines maladies infectieuses sont aussi appelées maladies "éruptives", ou "exanthémateuses". Elles ne sont pas toujours aussi simples à diagnostiquer, si bien que même le médecin peut parfois se trouver en difficulté. Pour les reconnaître, les mamans devront se baser sur d'éventuelles expériences personnelles précédentes, se servir de manuels où apparaissent les photographies ou les illustrations des éruptions cutanées typiques et devront enfin prêter attention aux milieux fréquentés par leurs enfants où il peut exister une certaine possibilité de contagion à cause d'une épidémie.

ROUGEOLE

Lorsqu'une maman soupçonne qu'une épidémie de rougeole puisse contagionner son enfant, elle peut avoir recours, avant la manifestation des symptômes caractéristiques de la maladie, à:

● MORBILLINUM 9 CH DOSE,

une dose le soir avant de se coucher. Dès l'apparition des premiers symptômes: yeux rougis, comme dans la conjonctivite, nez bouché, toux et petites taches blanches brillantes, entourées d'une zone rouge vif à l'intérieur des joues (à la hauteur des molaires), administrez:

● ACONIT 4 CH,

● BELLADONNA 4 CH.

ACONIT doit être administré très tôt et au maximum pendant une journée, en continuant ensuite avec BELLADONNA, trois granules toutes les heures jusqu'à la disparition de la fièvre (mais n'éveillez pas l'enfant s'il dort). Si entre-temps l'éruption cutanée (taches rouges ou rosées, bien séparées les unes des autres, d'abord sur le visage, le front, à la racine des cheveux, puis sur le cou, la poitrine, le ventre et les jambes) s'est manifestée, continuez à donner BELLADONNA et ajoutez-y:

● EUPHRASIA 4 CH.

Dans la rougeole, comme d'ailleurs dans d'autres maladies exanthémateuses, on devra accorder une attention particulière à l'hygiène du corps, des yeux (les bains de fleurs de camomille peuvent être très utiles), de la gorge et du nez.

Tant que la température ne descendra pas sous 38°, l'alimentation sera principalement liquide; ensuite, on pourra donner de la purée de pommes de terre, du bouillon avec des vermicelles, des crèmes de légumes.

Les complications éventuelles, relativement fréquentes (broncho-pneumonies, otites, réactions méningées, laryngites, coqueluches) seront traitées selon les indications fournies au paragraphe correspondant sans oublier que dans ces cas, le médecin devra toujours être appelé de toute urgence! Dans la phase terminale de la maladie, lorsque la fièvre a complètement disparu et que les taches sont presque totalement effacées, il est utile d'administrer:

● SULFUR 9 CH DOSE,

une dose le soir pour éviter toute rechute ou récidive. Après huit ou dix jours, on terminera le traitement avec une autre dose de:

● MORBILLINUM 9 CH DOSE.

VARICELLE

Ce qui a été dit pour la rougeole est également valable pour la varicelle et les autres maladies infectieuses. Dans un but préventif pendant une épidémie, administrez:

● VACCINOTOXINUM 9 CH DOSE,

une dose le soir avant de se coucher. Dès l'apparition des premiers symptômes (nez bouché, céphalée, légère hausse de la température):

● BELLADONNA 4 CH,

deux granules toutes les heures. Lorsque l'exanthème s'est déjà manifesté (érythème, petites vésicules qui se fissurent pour ensuite sécher):

● RHUS TOXICODENDRON 5 CH,

deux granules toutes les deux heures.
Dans ce cas aussi, l'hygiène du corps devra être particulièrement soignée et il faudra tâcher d'empêcher l'enfant de se gratter (pour éviter le danger des petites cicatrices indélébiles que laisseraient les vésicules). Le régime alimentaire sera principalement liquide jusqu'à la disparition de la fièvre.
Dans la phase la plus aiguë de la maladie, surtout si ce sont les symptômes de prurit et de brûlure qui sont dominants, on pourra alterner RHUS avec un remède convenant parfaitement à ce genre de réaction de la peau:

● MEZEREUM 4 CH (prurit et brûlure).

Soulignons que la varicelle est une maladie exanthémateuse très certainement plus bénigne que la rougeole, c'est pourquoi ses complications sont extrêmement rares. Il reste toutefois utile, à la fin de la maladie, pour éviter toute possibilité de rechute, d'appliquer:

● SULFUR 9 CH DOSE,

en suivant les modalités déjà indiquées pour la rougeole.

RUBEOLE

La rubéole frappe plus volontiers les fillettes. Les éruptions de la rubéole rappellent celles de la rougeole, mais s'en différencient par leur siège d'apparition qui est moins définissable. Un autre signe très caractéristique est l'apparition de glandes, très douloureuses au toucher, aux aisselles, au cou (nuque) et aux aines.

Le traitement est le même que celui pour la rougeole, MORBILLINUM excepté. On remplacera ce dernier par:

● MERCURIUS SOLUBILIS 5 CH,

trois granules deux fois par jour.

Lorsque la rubéole se manifeste chez une femme enceinte de deux ou trois mois, elle augmente fortement les probabilités de malformation du fœtus (80 %). Dans ce cas, il sera indispensable de consulter le médecin. Il existe, à but préventif, des analyses permettant de s'assurer de la présence d'anticorps "anti-rubéole" chez la femme. Si ces anticorps n'existent pas, on pourra effectuer une vaccination (dont l'intérêt est, dans ce cas particulier, indiscutable).

COQUELUCHE

L'enfant qui souffre d'une toux spasmodique, convulsive, sèche et particulièrement virulente la nuit, accompagnée d'une hausse de la température, a probablement contracté la coqueluche. Toujours dans un but préventif, on administrera:

● PERTUSSINUM 9 CH,

une dose entière, le soir, une seule fois, à titre préventif.

Lorsque la coqueluche s'est déjà manifestée, la dose sera réduite de moitié et administrée deux fois par semaine. A cela, on ajoutera les remèdes classiques en cas de hausse de la température (ACONIT et BELLADONNA) et ceux qui ont déjà été indiqués pour la *toux*; lorsque la toux est particulièrement sèche et que les crises sont très rapprochées, on choisira plus particulièrement:

● DROSERA 4 CH (toux sèche),

trois granules toutes les heures (ou dix granules dissous dans un verre d'eau).
Si, par contre, la toux est grasse et surtout nocturne, on choisira:

● COCCUS CACTI 4 CH (toux grasse)

trois granules toutes les heures (ou dix granules dissous dans un verre d'eau).

Comme d'habitude pour une convalescence, on administrera SULFUR 9 CH et ensuite PERTUSSINUM 9 CH, en dose unique.

OREILLONS (PAROTIDITE)

C'est une maladie plus grave qu'on ne le pense généralement à cause des séquelles et des complications qu'elle peut entraîner. Les parotides sont deux glandes situées sur le cou en avant des oreilles (voilà pourquoi l'on parle d'"oreillons" lorsqu'elles se gonflent) qui peuvent être atteintes par une inflammation d'origine infectieuse virale (d'où, aussi, le nom de "parotidite"). Celui qui en est atteint présente un aspect physique typique, caractérisé par une tuméfaction évidente sous les pavillons auriculaires, très rougie et douloureuse.
Comme mesure préventive, prendre:

● PAROTIDINUM 9 CH DOSE,

une dose, toujours le soir.
Dès l'apparition des symptômes:

● BELLADONNA 4 CH

selon les modalités déjà indiquées (trois granules ou dix dissous dans un verre d'eau). Rappelons que BELLADONNA est le remède spécifique pour les inflammations aiguës et douloureuses (peau brûlante, malade très abattu, transpiration).

On alternera ensuite dans la journée:

● MERCURIUS CYANATUS 4 CH (angine),

avec

● MERCURIUS SOLUBILIS 4 CH (angine),

pour les symptômes concomitants semblables à une grave forme d'angine.

Il faudra ensuite faire attention aux premiers symptômes des complications, en se rappelant que l'une des plus fréquentes est l'*orchite* (inflammation très douloureuse des testicules qui se gonflent).

Dans ce cas, on aura recours à:

● HAMAMELIS VIRGINICA 5 CH (orchite),

deux granules deux fois par jour. D'autres complications possibles peuvent concerner le métabolisme des sucres avec risque de diabète. Il faudra donc éviter, même en période de convalescence, un régime riche en hydrates de carbone (pâtes, pommes de terre, etc.) et naturellement en sucre, sous quelque forme que ce soit.

SCARLATINE

Cette maladie exanthémateuse présente souvent des caractéristiques d'une telle gravité que le recours au médecin est presque toujours obligatoire. Toutefois, ne vous alarmez pas outre mesure! Comme les autres maladies exanthémateuses, la scarlatine a généralement elle aussi un développement bénin et elle guérit en laissant une immunité permanente, mais elle doit être soignée très attentivement et, nous insistons, sous le contrôle direct du médecin.

Il est donc utile d'apprendre à reconnaître la manifestation d'une telle maladie. Ses caractéristiques sont: mal de gorge fort et brutal, frissons et température qui monte jusqu'à 40° (rappelons brièvement que, comme vous l'aurez certainement retenu, ce sont là les symptômes d'ACONITUM et de BELLADONNA), suivis de troubles digestifs. La langue a un aspect vraiment caractéristique (vous souvenez-vous de l'importance de l'examen de la langue?): au début elle est seulement rougie le long de ses bords, puis elle devient toute rouge avec des papilles proéminentes (on parle alors de la langue en "framboise"). L'éruption cutanée s'étend aussi aux plis de flexion (genoux et coudes) et apparaît, comme dans la rougeole, d'abord sur le cou et le thorax, puis sur le ventre, etc. Les taches sont cependant plus petites et plus écarlates; le visage n'est généralement pas touché; dans les cas où il est lui aussi atteint, le nez, la bouche et le menton restent épargnés.

La scarlatine peut très bien être soignée homéopathiquement, mais laissez à votre médecin le soin de vous en indiquer le traitement précis.

MAL DE GORGE

Nous avons déjà parlé du mal de gorge aux paragraphes *bouche* et *larynx*.

Nous désirons ajouter ici des informations particulières sur les *rhino-pharyngites* chez l'enfant, troubles de nature infectieuse, souvent contagieux et communément traités en médecine allopathique au moyen de sirops ou de préparations antibiotiques. Nous savons combien ces maladies sont répandues, surtout en âge pré-scolaire et scolaire. Nous savons aussi que leurs symptômes peuvent être évités ou contrôlés sans devoir recourir à des traitements pharmacologiques draconiens, mais en se limitant à une simple prévention ou, le cas échéant, en se servant de remèdes homéopathiques.

Si vous avez suivi jusqu'ici les principes sur lesquels se base la prescription du remède "semblable", vous vous souviendrez très certainement de deux remèdes que l'on peut considérer comme des "remèdes d'urgence" dans le traitement des angines chez les enfants.

Le premier est:

● Belladonna 4 CH,

remède d'élection dans le mal de gorge accompagné de fièvre et de transpiration. La gorge est rouge et fait très mal, surtout à droite et lors de la déglutition. L'autre remède est:

● Mercurius Solubilis 4 CH

qui soigne et prévient la tendance à la suppuration (amygdalite aiguë). L'enfant transpire beaucoup, surtout pendant la nuit et se plaint d'avoir très soif. Les deux remèdes pourront être alternés toutes les demi-heures (trois granules, ou bien une cuillerée à café d'une solution obtenue à partir de dix granules dissous dans un verre d'eau). Il sera par ailleurs très important de soigner l'hygiène externe du pharynx et du larynx au moyen de gargarismes et de collutoires: utilisez à cet effet des solutions de Phytolacca T.M. et de Calendula T.M.

Digestion et intestin

Pour les troubles de l'appareil digestif chez l'enfant, nous renvoyons aussi au chapitre correspondant (voir "Abdomen") et ne soulignons ici que certaines des affections qui semblent intervenir le plus souvent dans l'enfance.

INAPPETENCE

Ce n'est que dans quelques rares cas que l'inappétence peut

être attribuée à une véritable maladie et il est tout aussi rare qu'il s'agisse d'un "caprice" de l'enfant (au nom duquel pleuvent souvent des punitions injustes); bien plus réelle est l'attitude particulière de l'enfant qu'il faut interpréter comme un refus face à une contrainte des parents.

Ne menacez pas vos enfants et ne les forcez pas à avaler la nourriture à tout prix. A-t-on jamais vu dépérir ou mourir de faim un enfant qui a le seul tort de refuser d'être "gavé" par une maman prévoyante?

Ne faites pas de drames et soyez patients!

Préparez des repas savoureux et aidez-vous de l'homéopathie. Une véritable inappétence pourra être soignée avec:

● AVENA SATIVA T.M. (inappétence)

que vous donnerez en guise d'apéritif une demi-heure avant les repas (cinq gouttes diluées dans un doigt d'eau minérale d'Evian); vous pourrez encore faire mieux en ajoutant à ce mélange cinq gouttes de:

● ALFALFA T.M.

Il faut enfin rappeler quelques simples règles, dictées plus par le "bon sens" que par l'expérience clinique: tâchez de mettre toujours l'enfant dans le rôle de celui qui demande à manger et non dans le rôle de celui qui reçoit; laissez-le seul dès que possible et donnez-lui le temps de consommer ce qu'il y a dans son assiette que vous emporterez (qu'elle soit vide ou encore pleine) après un laps de temps raisonnable; ne punissez pas votre enfant (par exemple en le privant de dessert), mais traitez-le avec la plus grande indifférence.

Il est évident que si un enfant refuse systématiquement tout type de nourriture et qu'il perd du poids, la situation devra être examinée avec une certaine urgence et le cas devra alors être soumis au pédiatre.

VORACITE

L'excessive voracité peut aussi être un symptôme à soigner, bien qu'elle ne représente pas le signe d'une maladie. Si, par exemple, un enfant se rue agressivement, et presque férocement sur la nourriture, mais qu'il est rassasié dès les premières bouchées, le remède qu'il lui faut est:

● LYCOPODIUM 5 CH (en cas d'assouvissement trop rapide de la faim).

En revanche, l'appétit excessif de l'enfant qui semble n'avoir jamais assez mangé, sera régulé par:

● SULFUR 5 CH (faim insatiable).

ACETONEMIE

L'acétonémie est un trouble assez répandu parmi les enfants; ce nom dérive de l'odeur caractéristique de pomme aigre que prend l'haleine de celui qui en souffre. Caractérisé par une légère hausse de la température, par de la fatigue, des nausées et des vomissements, ce trouble est causé par une consommation excessive de graisses de la part du foie, et une insuffisance en sucres. Ce symptôme peut être la conséquence d'une alimentation incorrecte ou déséquilibrée (trop riche en protéines et trop pauvre en hydrates de carbone), et apparaît souvent au moment où les besoins de l'organisme de l'enfant deviennent plus importants pour une raison quelconque (activité physique, fièvre, stress, etc.).

Le remède approprié est alors:

● SENNA 4 CH (acétonémie)

qui, homéopathiquement, correspond aux symptômes présentés par l'enfant acétonémique et avec lequel on alternera toutes les demi-heures:

● Acetonum 4 CH,

préparation homéopathique à base d'acétone.

Dans la phase aiguë du trouble, le régime sera rigoureusement liquide et composé essentiellement d'eau minérale alcaline (comme par exemple celle de Vichy) et de sucre. Appelez le médecin si les vomissements devaient devenir fréquents au point d'empêcher l'enfant d'avaler tout aliment. Pour les *vomissements* provoqués par d'autres causes, reportez-vous aux paragraphes sur le nourrisson et sur les troubles de la digestion en général.

DIARRHEE INFANTILE

Il faut accorder la plus grande attention aux diarrhées infantiles qui se prolongent plus de 48 heures, surtout si elles sont accompagnées de vomissements. Dans ce cas, il faut immédiatement appeler le médecin qui diagnostiquera très probablement une "gastro-entérite", trouble qui ne doit pas être négligé, sous peine de graves complications suite à l'état de déshydratation dans lequel peut se retrouver l'organisme à cause de la perte continue de liquides.

Dans les premières phases, on pensera d'abord à une intolérance alimentaire et l'on suspendra donc l'alimentation habituelle, que l'on remplacera par du liquide en abondance (eau et thé peu sucrés, pas de lait!).

Administrez en même temps les remèdes déjà indiqués au paragraphe "Diarrhée" parmi lesquels nous recitons:

● Podophyllum (diarrhée infantile),

lorsque les selles sont abondantes et aqueuses.

● Dulcamara 4 CH,

si les selles sont plus jaunes et fluides et que la diarrhée se manifeste surtout suite à une exposition accidentelle au froid.

N'oubliez pas que le choix devra toujours être "homéopathique", c'est-à-dire "semblable" au symptôme que vous observez. Allez donc consulter les symptômes de CHINA, ALOE et en particulier d'ARSENICUM ALBUM qui doit être le remède de premier choix lorsque l'on soupçonne une intoxication alimentaire accompagnée de vomissements et de grave prostration générale.

Quant au régime à suivre après la phase aiguë, il se composera de pommes râpées, de potages de carottes, de riz et panades de farine de caroubes; puis, avec l'amélioration des symptômes, on pourra passer à la purée de pommes de terre (sans lait), aux biscuits et enfin, à la reprise de l'alimentation normale.

CONSTIPATION

Pour la constipation, tout ce qui a été dit au paragraphe correspondant pour les adultes est également valable ici. Nous nous limiterons donc à rappeler les deux remèdes le plus souvent indiqués lorsque ce trouble affecte les enfants. Ce sont:

● ALUMINA 4 CH,

deux granules matin et soir si le désir d'évacuer n'existe pas, ou que l'évacuation est difficile et douloureuse (rappelez-vous que la caractéristique d'ALUMINA est la "sécheresse") et:

● TARAXACUM T.M.,

cinq gouttes dans un doigt d'eau le matin au réveil lorsque la constipation est due à un trouble hépatique et que la langue est très chargée.

Soignez à temps la tendance à la constipation chez l'enfant afin qu'elle ne se transforme pas en trouble chronique dont trop de personnes souffrent aujourd'hui. Evitez l'usage de tout genre de laxatifs; libérez plutôt l'intestin par de petits lavements d'eau tiède et d'huile, mais que cela ne devienne pas une habitude!

Si la constipation se prolonge au-delà de trois jours, il faut soumettre l'enfant à un contrôle médical, car il pourrait bien s'agir d'une malformation intestinale.

VERS INTESTINAUX

Encore de nos jours, les infestations parasitaires intestinales (vers intestinaux) sont assez fréquentes chez les enfants. La présence de vers est souvent visible à l'œil nu dans les selles, mais les parasites peuvent provoquer des symptômes caractéristiques avant même d'avoir été découverts: généralement l'enfant est agité, même lorsqu'il dort; il se réveille en sursaut et se frotte continuellement le nez; son caractère devient insupportable.

Le remède homéopathique à utiliser en cas de parasitose intestinale est:

● CINA 4 CH (parasitose intestinale).

Attention, demandez bien CINA, et non CHINA qui est un remède tout à fait différent.

CINA devra être administré à raison de trois granules trois fois par jour.

Dans certains cas, surtout quand la présence des parasites a été découverte tardivement ou que la thérapie homéopathique ne donne pas de résultats au bout de cinq ou six jours environ, il sera opportun d'avoir recours à un vermifuge allopathique, généralement inoffensif.

ENURESIE NOCTURNE

Si votre enfant mouille son lit pendant la nuit, surtout ne le culpabilisez pas! Le phénomène de l'énurésie nocturne ne guérira rapidement que si on ne lui accorde pas trop d'importance et que l'on respecte quelques règles fondamentales: attendez trois quarts d'heure après la fin du repas du soir avant de mettre votre enfant au lit; si cela est possible, faites-le dormir sur quelque chose de dur, la tête à un niveau plus bas que les pieds.

Son alimentation doit être principalement végétarienne et ne donnez que peu de liquides, surtout avant de le mettre au lit. Ensuite, il ne faudra pas non plus négliger les facteurs psychologiques qui pourraient être la cause de ce comportement particulier de l'enfant, symbole de son refus du milieu familial (trop sévère, ou au contraire trop câlin et maternel...). Les remèdes homéopathiques vous aideront très certainement à résoudre ce problème.

Selon les modalités avec lesquelles se présente l'énurésie, essayez:

● SEPIA 5 CH (énurésie du premier sommeil),

trois granules tous les soirs lorsque l'enfant mouille son lit dès qu'il s'endort. Si l'incontinence est aussi diurne ou se produit dans la seconde partie de la nuit:

● EQUISETUM 5 CH (incontinence diurne).

Si l'enfant mouille son lit plusieurs fois dans la nuit:

● PLANTAGO T.M.,

cinq gouttes dans un doigt d'eau, dans tous les cas. Les remèdes pourront, le cas échéant, être alternés.

Troubles du caractère

Les attitudes de l'enfant qui peuvent préoccuper sont surtout le *caractère agressif* et le *tempérament nerveux*. Nombreuses sont les raisons pouvant entraîner ces troubles; ces derniers devront parfois être soumis à un expert psycho-infantile. Mais le plus souvent, c'est le noyau familial qui représente la cause véritable du comportement anormal d'un enfant et toute la famille devra alors faire l'objet d'une attention particulière pour faire émerger les facteurs sur lesquels agir de façon thérapeutique.

Dans les cas les moins compliqués et les moins graves, les remèdes homéopathiques pourront à eux seuls résoudre certains problèmes comme par exemple la tendance exagérée à l'*agressivité*:

● LYCOPODIUM 5 CH (enfant susceptible),

remède qui convient aux enfants qui sont souvent de mauvaise humeur, coléreux et violents.

Si par contre l'enfant boude tout le temps et semble vouloir se disputer sur le moindre détail:

● HEPAR SULFUR 5 CH (irritation).

Lorsque le symptôme principal est une *intolérance* extrême envers les personnes, la phobie d'être touché, la *susceptibilité*, une tendance à se fatiguer rapidement de tout, le remède est:

● CHAMOMILLA 5 CH (impatience).

Au contraire, pour l'enfant au caractère docile, mais qui pleurniche et se plaint à la moindre contrariété, utilisez:

● PULSATILLA 5 CH (pour enfant qui pleurniche).

Pour l'enfant peureux et qui a des cauchemars la nuit (peur de l'obscurité, etc.):

● STRAMONIUM 5 CH (peurs).

Si l'enfant est coléreux:

● NUX VOMICA 5 CH (colère).

Pour l'enfant qui a toujours quelque chose à redire, qui est rouspéteur et qui n'aime pas prendre son bain:

● ANTIMONIUM CRUDUM 5 CH (rouspéteur).

Quand l'enfant est toujours indécis et anxieux, le remède qu'il lui faut est:

● CALCAREA FLUORICA (indécis).

S'il est apathique, éprouve des difficultés à se concentrer et que le travail mental le fatigue:

● CALCAREA CARBONICA 5 CH (apathique).

Et nous pourrions continuer ainsi avec des dizaines et des dizaines de symptômes et leurs remèdes respectifs: un pour chaque trait du caractère et pour chacune des réactions de l'enfant. Mais ceux que nous venons de voir sont les plus simples à identifier et à traiter pour ceux qui entendent s'engager sur le chemin de l'homéopathie.

Si les symptômes s'additionnent, les difficultés deviendront elles aussi plus importantes; n'hésitez pas dans ce cas à vous adresser à un médecin homéopathe qui saura mieux analyser la situation.

Maladies dues à refroidissement

Pour terminer, quelques indications sur la *grippe virale* et la *fièvre*. Nous avons déjà parlé de la grippe lorsque nous avons traité les maladies du nez et le rhume.

Ces troubles ne doivent toutefois pas être confondus car le rhume atteint presque exclusivement les cavités nasales, avec éternuements et production abondante de sécrétions liquides ou muqueuses, tandis que la grippe est toujours caractérisée par une hausse de la température accompagnée de douleurs caractéristiques aux membres, aux muscles et aux os, ainsi que, souvent, de céphalée et d'une sensation d'épuisement général.

Aux tout premiers symptômes d'une manifestation grippale, prenez, comme mesure préventive:

- OSCILLOCOCCINUM 200 CH DOSE,

une demi-dose de ce remède est en mesure d'arrêter net une grippe dès son apparition.

Aux premiers symptômes aigus (engourdissement musculaire, douleurs aux articulations, température élevée même le matin, soif intense):

- EUPATORIUM PERFOLIATUM 4 CH,

trois granules toutes les heures ou dix granules dissous dans un verre d'eau (une cuillerée à café toutes les heures). EUPATORIUM devra être remplacé par:

- GELSEMIUM 4 CH,

si l'enfant ne se plaint pas d'avoir soif, qu'il présente un visage très congestionné et apparaît très faible et épuisé.

Pour faire descendre la température, on devra aussi administrer:

- ACONITUM 4 CH (frissons et peau sèche),

toutes les heures dès la première hausse de température si l'enfant présente une peau sèche et a des frissons.

Dès que la sudation commence, et de toute façon pas plus tard que douze heures après la première administration d'ACONITUM, poursuivez le traitement en donnant:

- BELLADONNA 4 CH (fièvre et sudation),

mêmes modalités.

Rappelez-vous: chaque fois qu'une crise se termine, empêcher toute rechute et le passage à la chronicité donnez:

- SULFUR 200 CH,

une demi-dose le soir, une seule fois.

INTERVENTIONS CHIRURGICALES

D'une manière ou d'une autre, une intervention chirurgicale est toujours un événement traumatisant car par définition, la chirurgie est cette branche de la médecine qui arrive directement à l'endroit malade après incision des tissus. Comme telle, elle est confiée aux mains de spécialistes auxquels il est demandé une longue période de stage et d'études après l'université.

Le médecin de médecine générale de son côté, se limitera à des interventions dites "de petite chirurgie": sutures de blessures, drainages d'abcès, hémostases d'urgence, etc.

C'est justement parce qu'elle est "traumatisante" et souvent aussi "destructive" que la chirurgie devrait être considérée comme contraire aux principes de l'homéopathie. Il faut cependant apporter quelques précisions et distinctions afin d'éviter qu'une fois de plus, et toujours à tort, l'homéopathie soit considérée comme une méthode rétrograde et dépassée.

Avant tout, rappelez-vous que le médecin homéopathe est un médecin sorti d'une université et que comme tel, il dispose de tous les instruments, connaissances et expérience nécessaires pour vous conseiller en toute circonstance sur la décision à prendre la plus utile pour votre bien-être. Apprenez ensuite à jugez de manière critique ces "spécialistes" qui, par déformation professionnelle, ont une vision incomplète et limitée du cas: il pourrait bien vous arriver de rencontrer un hépatologue qui ne s'occuperait que de vos troubles du foie, un endocrinologue qui n'accuserait que vos hormones, un neurologue qui ne se soucierait que de votre système nerveux, un chirurgien dont le seul but serait d' "ouvrir" pour constater de ses propres yeux une condition pathologique, sans tenir compte du reste... ou peut-être même, mais j'espère que non, un médecin homéopathe qui voudrait à tout prix vous sauver uniquement avec des remèdes homéopathiques!

Et bien, c'est justement à cette vision unilatérale de l'individu malade que, comme vous le savez déjà, s'oppose l'homéopathie qui se considère comme la "médecine de l'homme total"! Mais elle n'est pas pour autant complètement hostile à la chirurgie: elle met simplement en garde contre des interventions inconsidérées et précipitées. Et ce n'est certes pas là une crainte infondée si l'on songe à la campagne en faveur de l'ablation des amygdales ou des végétations adénoïdes, et à celle, encore plus absurde, plaidée dans certains milieux aux Etats-Unis, pour l'ablation préventive de l'appendice.

Les situations qui doivent nécessairement être considérées comme étant du ressort du chirurgien, sont les suivantes: lésions suite à des traumatismes et des accidents, hémorragies, occlusions intestinales, perforations des viscères (ulcères, fistules, etc.), appendicites menaçant de péritonite, obstructions dues à la présence de calculs, hernies; comme on le voit, ce sont là des situations d'urgence relative ou absolue, qui ne pourraient en aucun cas tirer avantage d'une thérapie médicale (homéopathique ou allopathique quelle qu'elle soit). Il n'en va pas de même pour la chirurgie dite d'"élection" (ulcère gastroduodénal, appendicite chronique, hémorroïdes, varices, interventions correctives) où un traitement médical peut être (toujours selon l'avis du médecin) choisi en premier lieu.

On pourrait objecter que des personnes soignées depuis toujours avec des remèdes homéopathiques et qui suivent donc les principes de l'homéopathie ne devraient pas arriver dans une salle opératoire, mais si la méthode homéopathique pouvait nous donner cette certitude, nous aurions trouvé la formule magique de la santé et du bien-être à perpétuité... Ce n'est pas ainsi, malheureusement! Bien sûr, la pensée homéopathique fournit plusieurs instruments pour arriver à la conquête de la santé et pour guérir les maladies, mais elle n'est pas toujours simple à suivre de manière absolue et ainsi, il peut arriver qu'un patient en traitement homéopathique doive subir une intervention chirurgicale. Comment se comporter dans ce cas, et quels remèdes employer pour réduire au maximum les risques de l'intervention et améliorer la période post-opératoire? Avant toute chose, il est nécessaire de faire une remarque sur l'hospitalisation.

Pour subir une intervention chirurgicale, il faut entrer dans un hôpital ou une clinique, où sont appliquées certaines règles (alimentation particulière, examens, analyses, enquêtes et médicaments) auxquelles même les plus fervents partisans de l'homéopathie ne pourront se soustraire.

Il est évident qu'avant, pendant et après une intervention chirurgicale, vous devrez prendre des préparations pharmacologiques "traditionnelles" à doses élevées mais qui seront indispensables pour une bonne prophylaxie antiseptique et pour conduire à terme de façon régulière l'opération. Ne demandez donc pas à votre médecin homéopathe si vous devez "refuser" quelque thérapie particulière.

Passez sereinement la période d'hospitalisation en faisant confiance aux spécialistes que vous avez choisis: cela ne signifie pas que vous devrez interrompre un traitement homéopathique ou, si vous êtes obligé de le faire, cela ne durera que pendant la période de l'intervention et une partie de la convalescence.

Il vous sera par contre très utile de vous préparer "homéopathiquement" à l'intervention et d'effectuer ensuite un traitement homéopathique "drainant" pour débarrasser l'organisme des rebuts et des substances toxiques accumulées pendant l'hospitalisation.

Préparation à l'intervention chirurgicale

La préparation sera identique qu'il s'agisse d'une opération importante ou d'une petite intervention (comme par exemple l'ablation d'un kyste, ou l'extraction d'une dent).

Si vous êtes en mesure de prévoir l'intervention à temps, au moins huit jours avant, prenez:

● GELSEMIUM 9 CH (pré-intervéntion),

● ARNICA 9 CH (pré-intervention),

une dose, une seule fois. Ces mêmes remèdes devront aussi être pris un jour avant l'intervention, mais à la 5 CH, en alternant trois granules toutes les trois heures. De plus, le soir, on prendra:

● PHOSPHORUS TTRIIODATUS 5 CH,

● CHINA 5 CH,

ensemble, trois granules.

Dans les moments qui précèdent l'intervention, une certaine émotivité et un peu de nervosité sont tout à fait normales. Si vous êtes particulièrement anxieux, le matin du jour précédant l'opération, prenez:

● ACONITUM 9 CH DOSE,

une dose entière, et pendant la journée:

● GELSEMIUM 5 CH (émotivité),

● IGNATIA 5 CH,

trois granules de chacun de ces deux remèdes à répéter jusqu'au soir de l'opération. Bien que nous soyons contre le principe du mélange des remèdes, dans ces cas particuliers et quand il existe une certaine urgence et aussi parce que l'absorption en est facilitée, tout médecin homéopathe pourra vous conseiller de faire fondre dans un même verre (un demi-verre d'eau minérale non gazeuse) trois granules de chacun des remèdes ci-dessus indiqués.

Une cuillerée à café de cette solution pourra alors être prise toutes les demi-heures.

Dans son ensemble, ce traitement a pour but de contrôler l'appréhension qui domine le patient au cours des heures précédant l'intervention et, au moyen des remèdes conseillés au début, de réduire au maximum les risques d'une éventuelle hémorragie opératoire.

Séquelles post-opératoires

Si parfois les symptômes relatifs aux séquelles de certaines interventions chirurgicales peuvent être prévus de manière assez précise, dans la plupart des cas ils sont tout à fait imprévisibles. Nous nous occuperons ici des complications les plus "normales" et les plus probables: avant tout, le retard de la cicatrisation et la suppuration de la blessure.

En cas de *retard de la cicatrisation*, et pour l'éviter:

● CALENDULA 4 CH (cicatrisation difficile),

● ARNICA 4 CH (cicatrisation difficile),

● HYPERICUM 4 CH (cicatrisation difficile),

en alternant les trois remèdes au cours de la journée (toujours trois granules toutes les deux heures).

Plus tard, si la cicatrice a encore du mal à se refermer, vous pourrez faire des compresses de CALENDULA T.M. (une cuillerée à café diluée dans un verre d'eau pré-bouillie).

Si la *blessure suppure*, on vous prescrira très probablement des antibiotiques; à ce traitement antiseptique habituel, ajoutez:

● PYROGENIUM 5 CH (blessures septiques),

cinq granules en une seule fois dans la journée et répétez après 24 heures. Une heure après la première absorption de Pyrogenium, prenez :

● Hepar Sulfur 5 CH,

cinq granules que vous renouvellerez au bout de deux jours. Entre-temps, n'oubliez pas de prendre Arnica et Hypericum à la 4 CH, comme indiqué ci-dessus.

Il peut aussi arriver que se développe une tendance à la production excessive de tissu cicatrisant; cela se traduit par la formation d'adhérences et, au niveau de la cicatrice, par la production d'un tissu appelé "chéloïde". Pour prévenir les *adhérences* :

● Iris Minor 5 CH (adhérences).

Il sera très difficile qu'une fois formée, une "chéloïde" cicatricielle puisse se résorber, mais l'on peut obtenir une bonne prévention avec :

● Thiosinaminum 5 CH (chéloïdes),

● Fluoric Acid 5 CH (chéloïdes),

trois granules deux fois par jour en alternant les deux remèdes. D'autres séquelles normales après une intervention chirurgicale sont la douleur post-opératoire et l'agitation, physique et mentale, qui peut intervenir immédiatement après l'anesthésie ou dans les heures qui suivent.

Un excellent remède pour la *douleur post-opératoire* causée par le traumatisme chirurgical et par l'incision de la peau est :

● Staphysagria 4 CH (douleur),

deux granules toutes les heures, ou moins si les douleurs sont particulièrement aiguës.

Pour l'*agitation* physique et mentale :

● Arnica 5 CH (agitation),

● RHUS TOXICODENDRON 5 CH (agitation),

en alternant les remèdes.

Après toute hospitalisation pour une intervention chirugicale, il sera bon d'effectuer une dépuration radicale de l'organisme afin d'éliminer tout produit pharmacologique et toute substance qui pourraient avoir des interférences avec la thérapie homéopathique en cours.

Pour faciliter ce "drainage", prenez pendant au moins deux ou trois semaines, les remèdes suivants:

● NUX VOMICA 5 CH (dépuratifs),

● SOLIDAGO 5 CH (dépuratif),

trois granules de l'un à 16 heures et trois de l'autre à 11 heures, tous les jours.

EN VOYAGE

Il arrive souvent qu'ayant à s'éloigner de l'endroit où elles vivent habituellement, et donc aussi de leur médecin traitant, des personnes qui en sont à leur première expérience de traitements homéopathiques, interrompent leur cure pendant une période plus ou moins longue. Pour se justifier, elles allèguent divers prétextes: la difficulté de trouver les remèdes là où elles vont séjourner, la crainte qu'un traitement homéopathique extemporané ne puisse agir avec la promptitude qu'il faudrait dans certaines circonstances, l'ennui d'avoir à transporter durant le voyage plusieurs remèdes, etc. Evidemment, il n'y a rien de plus mauvais que d'interrompre sans motif précis un traitement, ou de le remplacer par un autre, ne serait-ce que pour une brève période. Prendre avec soi quelques tubes de remèdes homéopathiques et un petit manuel de consultation, utile en toute circonstance, ne saurait être une difficulté insurmontable.

Pour simplifier les choses au maximum, nous consacrons un chapitre de cet ouvrage à l'usage de l'homéopathie en voyage, en rappelant avant tout, comme nous l'avons déjà suggéré au début qu'il faut toujours garder sous la main le ou les remèdes pouvant être les plus utiles pour nos éventuels troubles et malaises. Il conviendra également d'y ajouter les remèdes indiqués ci-dessous, qui composeront une petite pharmacie appropriée à un déplacement ou à un voyage raisonnablement brefs.

Par contre, pour des voyages ou des séjours plus longs dans

des lieux où l'on sait que l'on ne pourra pas se procurer de produits homéopathiques, cette pharmacie devra contenir un nombre plus élevé de remèdes.

Petite pharmacie de voyage

Aconitum Napellus	Cocculus
Allium Cepa	Gelsemium
Aloe	Ignatia Amara
Apis	Ipeca
Arnica	Mercurius Solubilis
Arsenicum Album	Nux Vomica
Belladonna	Petroleum
Bryonia Alba	Pulsatilla
Cantharis	Rhus Toxicodendron
Chamomilla	Ruta
China	Tabacum
Colocynthis	Urtica Urens

A ces remèdes, que vous choisirez à la 5 CH, vous ajouterez une dose unique de OSCILLOCOCCINUM 200 CH (INFLENZINUM), un flacon de CALENDULA T.M. et de la pommade Homeoplasmine.

Comme vous le noterez, il n'y a dans cette liste que 25 remèdes (pour la pharmacie familiale nous vous en proposions 40). Naturellement, les règles d'absorption et de choix des remèdes pendant un voyage ne sauraient être différentes de celles qui ont été indiquées au début de cet ouvrage. Nous vous y renvoyons donc et vous recommandons de vous y tenir afin d'obtenir un effet sûr et rapide du remède utilisé.

Nous allons maintenant parler de la préparation au voyage et des inconvénients qui peuvent en découler (changement d'habitudes, de climat, d'alimentation). Par exemple, si vous vous rendez dans certains pays étrangers, vous devrez obligatoirement vous soumettre à des vaccinations. Prévenez donc certaines conséquences désagréables de la vaccination, en suivant les conseils indiqués au paragraphe traitant des vaccinations obligatoires pour les enfants.

Les "cinétoses" (mal d'auto; mal de l'air; mal de mer)

Les cinétoses, troubles dus au mouvement, provoquent des symptômes tellement désagréables que certaines personnes peuvent en souffrir rien qu'à l'idée de voyager. D'autres individus en souffrent même uniquement en en voyant la représentation (comme au cinéma ou à la télévision), ce qui prouve bien que la plupart de ces troubles possèdent des racines psychologiques, relatives au fait que notre partie consciente ne parvient pas à accepter des situations d'instabilité réelle ou bien présumée.

Les manifestations de ces troubles peuvent être des nausées, des vertiges, ou des vomissements, qui, à la longue, peuvent avoir des suites plus ou moins préoccupantes.

Pour ce genre de troubles, seuls les traitements préventifs, ou du moins effectués à l'avance, pourront être efficaces. En effet, il sera très difficile de traiter, par exemple, le mal de mer une fois que ses symptômes se seront manifestés: il suffit de songer à la difficulté de faire prendre un remède à celui qui en est affligé, surtout si la thérapie doit se faire par voie orale (pilules, granules, gouttes) et que le malade est en proie à la nausée et aux vomissements. Il faudra donc être prévoyant et prendre les remèdes au moins quelques heures avant le départ; il vaudrait même mieux commencer le traitement quelques jours à l'avance.

L'un des troubles dus au mouvement parmi les plus fréquents est très certainement le *mal de mer*.

Le traitement homéopathique conseillé à l'occasion d'un voyage en mer, ou même d'une simple traversée est:

● IGNATIA 9 CH DOSE,

une dose entière le matin au réveil quatre jours avant de s'embarquer, à répéter après huit jours si l'on prévoit une nouvelle navigation ou que l'on est encore en voyage.
Au cours des trois jours précédents:

● COCCULUS 5 CH (mal de mer),

● TABACUM 5 CH (mal de mer),

à prendre ensemble, deux fois par jour à 11 heures et à 16 heures (trois granules) et continuez durant tout le trajet en mer en ajoutant:

● PETROLEUM 5 CH.

Dans les cas les plus difficiles, et si la nausée devait vous prendre, essayez (naturellement avant de vomir) de prendre:

● IPECA 5 CH,

deux granules tous les quarts d'heure. Après quoi, si vous prévoyez une longue navigation, sans escale, vous devrez avoir recours à des produits anti-nausée en suppositoires ou injections. Si vous souffrez de cinétoses, accordez une attention particulière à votre alimentation. Avant et pendant un voyage, nourrissez-vous que d'aliments simples, peu gras et très faciles à digérer, de préférence solides (en évitant donc l'alcool, les fritures, les crèmes et les sucres).
Les méthodes pour éviter et combattre le mal de mer sont des plus variées et parfois même des plus bizarres, si bien que chaque personne qui en souffre et qui est habituée à ce genre de voyages a souvent sa propre méthode personnelle.

Voici un conseil facile à suivre: choisissez un emplacement du véhicule où le mouvement se fait moins sentir: la partie antérieure de la voiture ou de l'avion, le centre de la barque.

Pour certaines personnes, *manger calme leurs nausées*. Elles tireront bénéfice du remède PETROLEUM.

Pour d'autres, *la nausée passe lorsqu'elles sortent à l'air libre:* leur remède est alors TABACUM.

Au contraire, pour ceux dont l'état est *aggravé par le grand air* et qui se sentent mieux dans un lieu fermé, couchés dans le calme, le remède conseillé est COCCULUS.

Ce qui a été dit pour le mal de mer est également valable pour tous les autres troubles dus au mouvement puisque le mal de mer est certainement celui qui regroupe le plus grand nombre de malaises ressentis par ceux qui souffrent de ce genre de troubles.

Quelques autres conseils

En plus des restrictions que nous venons de voir à propos des cinétoses, l'alimentation demande une attention particulière au cours des voyages et des séjours dans des pays où les conditions d'hygiène et climatiques peuvent favoriser la manifestation de *troubles gastro-intestinaux*. Ces troubles ne sont pas seulement typiques d'un pays déterminé, mais aussi des conditions climatiques et ambiantes dominantes, que l'on peut parfois aussi trouver dans nos régions.

Certains types de troubles intestinaux dus à des bactéries pathogènes (salmonelles, bactéries entériques, colibacilles), sont très graves et très difficiles à soigner et laissent des séquelles qui favorisent le passage à l'état chronique et des colites primitives ou déjà en cours. Cela est surtout valable pour ceux qui souffrent déjà de troubles de ce genre. La toute première règle à suivre lorsque l'on est obligé de changer de climat et de conditions alimentaires consiste donc à choisir des aliments naturels, bien cuits (et pas pré-cuits), en évitant les légumes et fruits non épluchés, les viandes peu cuites, et les boissons particulières. L'eau devra provenir d'une source connue; on se lavera les mains plus souvent que d'habitude, en n'oubliant pas de les désinfecter lorsque cela sera possible.

En cas d'intoxication alimentaire, souvenez-vous de prendre:

● ARSENICUM ALBUM 5 CH,

une dose de cinq granules tout de suite et continuez ensuite avec trois granules deux fois par jour en les alternant avec:

● NUX VOMICA 5 CH.

En cas de dysenterie:

● CHINA 5 CH,

● ALOE 5 CH,

trois granules en alternant les remèdes même toutes les heures si nécessaire; mais n'hésitez surtout pas à consulter le médecin local si les choses devaient rapidement s'aggraver.

Dans tous les cas, il sera indispensable d'effectuer des analyses pour découvrir la présence éventuelle dans les selles de parasites qui, pouvant provoquer des colites vraiment très graves, devront être éliminés par un usage massif d'antibiotiques.

Pour terminer, il faut rappeler les risques relatifs aux *piqûres de certains insectes*. En effet, en plus de la réaction locale plus ou moins importante, elles peuvent aussi causer des manifestations générales liées à la toxicité du venin injecté (d'abeilles, scorpions, fourmis) et de véritables maladies comme le paludisme, causé par les piqûres de moustiques. Les troubles généraux demanderont l'intervention, souvent urgente, d'un médecin ou de personnes expertes. Quant aux réactions locales (œdème, gonflement, prurit, irritation et quelquefois douleur), rappelons quelques remèdes déjà indiqués pour les affections de la peau (voir):

● Apis 5 CH (piqûres d'insectes),

trois granules tout de suite, à répéter ensuite pendant la journée pour prévenir et soigner le gonflement et l'œdème locaux, et:

● Urtica Urens 5 CH,

en l'alternant avec Apis, selon les mêmes modalités d'absorption, pour soigner l'irritation des tissus due aux substances toxiques injectées ou que l'organisme produit à l'endroit atteint.

OBESITE ET MAIGREUR

Les médecins sont très souvent consultés pour des problèmes concernant les variations de poids corporel, surtout lorsque ce dernier est en augmentation. A cause de sa plus forte prédisposition à l'adiposité, la femme est particulièrement sensible à ce genre de problème qu'elle désire résoudre aussi dans un but purement esthétique. La médecine traditionnelle a inauguré dans ce dernier domaine un marché florissant à base de produits anorexigènes (qui ôtent l'appétit), diététiques et "amaigrissants". Les massages, les traitements hormonaux, l'hydrothérapie, et la gymnastique également apportent d'autres réponses à ce problème.

Il faut avant tout souligner qu'obésité ou maigreur peuvent être congénitales, ou si vous préférez, "constitutionnelles" et donc faire partie intégrante de la structure d'une personne. Tout le monde connaît en effet des familles de gros (qui sont pourtant des mangeurs modestes) et d'autres dont les membres sont tous maigres (alors que certains sont de gros mangeurs)!

Comment se comporte l'homéopathie face à ces problèmes de poids? Le but de la méthode homéopathique consiste à rendre la santé à l'individu malade en remontant aux causes qui ont provoqué la maladie et en agissant sur le terrain qui "héberge" ces causes. Sur la base de certains critères précis, le médecin (homéopathe ou non) décidera donc si le poids superflu, ou au contraire insuffisant, devra être considéré comme une véritable maladie ou non. Dans le premier cas, il faudra d'abord guérir la maladie primitive pour guérir ensuite la variation de poids dont elle peut être la conséquence. Dans l'autre cas, quelques conseils alimentaires et quelques simples règles d'hygiène pourront suffire à faire retrouver au patient son poids idéal. Il est vrai, en effet, que la plupart du temps, la cause de la variation du poids réside dans une alimentation incorrecte et désordonnée, des habitudes de vie déréglées, la sédentarité, ou au contraire dans une activité physique excessive. Il sera alors inutile de croire que des médicaments, des traitements hormonaux ou d'autres produits semblables apporteront une amélioration. Il est évident que l'on ne pourra résoudre un problème de poids qu'en changeant ses habitudes et en exerçant une activité physique adéquate.

Il est vrai aussi que des conditions pathologiques, parfois sérieuses, peuvent conditionner certains cas d'augmentation, ou de diminution, excessive de poids. Dans ces conditions, seul le médecin saura reconnaître le trouble causant le symptôme qui vous préoccupe.

Un mot sur les tableaux, très répandus, qui indiquent le "poids idéal" que chacun devrait avoir: il vous est peut-être déjà arrivé de constater que dernièrement, les valeurs de ces fameux tableaux ont été modifiées. En effet, le poids idéal a considérablement augmenté au cours des dix dernières années et on tolère donc des poids supérieurs (à la grande consolation des obèses...); de plus, le mythe selon lequel la personne maigre vivrait plus longtemps est lui aussi en voie d'extinction! Il semblerait bien, au contraire, que l'individu "bien en chair" possède plus de "réserves" lui permettant de vivre plus longtemps. Il n'est pas difficile d'interpréter ces données en fonction des tendances diététiques modernes, des changements intervenus dans l'alimentation et du triomphe de la consommation... Une donnée objective est qu'il y a eu une évolution dans la structure osseuse et dans les masses musculaires des deux sexes.

Appétit excessif et obésité

On entend souvent dire que celui qui mange continuellement le fait parce qu'il a "besoin d'affection". Cette affirmation ne manque pas totalement de fondement: en effet, l'alimentation, l'acte de "manger" peut être un comportement affectif, en ce sens qu'il conduit à une satisfaction "orale" de nos exigences, comme lorsque nous étions enfants. Celui qui se comporte de cette façon semble vouloir dire :"Je veux survivre en dépit des circonstances."

Une personne extrêmement anxieuse pourra aussi quelquefois agir de la sorte pour "combler" sa propre anxiété en mangeant tout et n'importe quoi à tout moment.

Il nous faut aussi nous occuper de la situation inverse: le fait de ne pas vouloir se nourrir est souvent synonyme d'un désir de ne plus vivre: c'est l' "anorexie mentale" qui, si elle n'est pas contrecarrée à temps, peut vraiment placer celui qui en souffre dans des conditions de survie impossibles.

Le conseil du médecin homéopathe, dans sa vision totale et unitaire du patient, sera: soigner l'esprit en même temps que le corps. Psychothérapie et pharmacothérapie devront aller de pair jusqu'à la disparition des troubles.

En cas de boulimie (appétit excessif), le remède homéopathique conseillé est:

● SULFUR 5 CH (boulimie),

trois granules le soir avant de se coucher.
Ensuite, tous les jours, avant le repas de midi, on y ajoutera:

● ANTIMONIUM CRUDUM 5 CH,

toujours trois granules.
Si vous avez l'impression de ne vous sentir bien que lorsque vous mangez, et que par conséquent vous mangez sans arrêt (même pendant la nuit):

● ANACARDIUM ORIENTALIS 5 CH (pour celui qui se sent
mieux s'il mange),

une demi-heure avant les principaux repas. ANACARDIUM est aussi le remède conseillé pour les anxiétés qui s'atténuent en mangeant.

A ce point, vous n'aurez cependant résolu que la moitié de vos problèmes: vous n'aurez plus faim: mais tout ce que vous avez avalé de superflu vous aura probablement laissé des coussinets de graisse très peu esthétiques, surtout sur les cuisses et les fesses.

Vous vous demanderez donc ce que vous pouvez faire pour vous débarrasser de la *cellulite* (c'est ainsi que l'on appelle les dépôts de tissu adipeux en question) qui, dans certains cas, est le siège de processus inflammatoires très douloureux. Avant tout: mouvement! Dans ces cas, l'activité physique est une médecine nécessaire et irremplaçable; puis massez-vous ou faites-vous masser par des mains expertes (le massage ne doit jamais être ni trop énergique ni traumatisant) afin de "faire fondre" et désagréger les cellules de graisse. L'homéopathie peut vous aider avec:

● SILICEA 5 CH (cellulite),

trois granules chaque jour, le matin.

On ne peut toutefois nier que dans certains cas, la cellulite est très difficile à combattre, surtout lorsqu'elle date de longtemps ou quand il s'agit d'un trouble de type constitutionnel, héréditaire. Il sera alors opportun de demander conseil au médecin pour un traitement "de fond" qui tiendra compte de tous les problèmes du patient.

Dans les autres cas, il faudra faire très attention à l'alimentation et à la manière de se nourrir: en un mot, au *régime*. Nous vous suggérons quelques règles simples à suivre:

1. Eliminez absolument tous les aliments gras, frits, trop assaisonnés, trop salés, et naturellement, les sucreries.

2. Evitez de boire pendant les repas, mais buvez abondamment entre un repas et le suivant (eau minérale non gazeuse).
3. Favorisez l'augmentation de l'élimination des urines (diurèse) aussi bien par une absorption contrôlée d'eau (voir ci-dessus) que par la consommation de fruits diurétiques (comme l'ananas) et par l'utilisation de remèdes homéopathiques (APIS 4 CH, trois granules deux fois par jour).
4. Contrôlez les fonctions de votre intestin au moyen de dépuratifs végétaux (nous vous conseillons le DEPURATUM, laxatif végétal très léger: une capsule tous les soirs) et homéopathiques (voir "Constipation").
5. Si vous êtes incapable de suivre un régime adéquat, tâchez au moins d'éduquer votre manière d'absorber les aliments: mangez lentement en mâchant bien, selon l'adage de la philosophie orientale: "Manger les liquides et boire les solides..."!

Certains régimes aujourd'hui très à la mode sont beaucoup trop restrictifs: ils obligent à absorber un nombre déterminé de calories, pas une de plus ni une de moins, mais n'habituent pas à une alimentation naturelle.

De plus, ils peuvent être dangereux lorsque leur composition est principalement à base de protéines animales, ou bien lorsqu'on les associe à l'usage de substances diurétiques, hormones ou produits anorexigènes.

On doit au contraire apprendre à conserver son propre poids-forme en mangeant un peu de tout, en s'imposant des limites pour les aliments dont nous avons parlé et en évitant ceux qui sont plus difficiles à digérer.

Quant aux régimes végétarien et macrobiotique, il ne faut surtout pas les confondre en pensant qu'il s'agit plus ou moins de la même chose: le premier comprend toutes sortes de légumes (et fruits) tandis que le second est issu d'un courant de pensée orientale (c'est donc une philosophie) qui affirme que les causes de tout trouble dépendent d'une alimentation incorrecte et surtout trop riche en viande. Pour le régime macrobiotique, la santé se retrouve, ou se conserve, grâce à un bon équilibre de substances alimentaires gravitant entre les deux pôles Yin et Yang. Il admet donc divers types d'aliments, mais surtout des céréales complètes. Suivre un régime macrobiotique intégral (à base de riz non décortiqué) est aujourd'hui une entreprise pratiquement impossible en Occident; il sera plus simple (et aussi moins dangereux...) de suivre certaines règles de la cuisine macrobiotique "à l'occidentale", en se rappelant toujours qu'il faut beaucoup boire (entre les repas) car les céréales peuvent soustraire énormément d'eau à l'organisme.

Un régime utile, et qui selon la façon dont on le met en pratique, peut être amaigrissant, dépuratif, curatif, ou simplement "éducatif" (parce qu'il enseigne à manger lentement et avec calme) est le suivant: prenez une tranche de pain complet et faites-la griller, puis remplissez une tasse de lait à la température de la pièce (sans sucre ni édulcorants). Commencez alors à consommer le pain (avec calme et méthode) à petites bouchées que vous devrez bien mâcher jusqu'à les rendre presque liquides; après chaque bouchée de pain, absorbez une cuillerée de lait (le lait ne doit pas être bu directement dans la tasse!) que vous garderez dans la bouche pendant quelques instants comme si vous deviez le mâcher. Malgré sa pauvreté apparente, ce repas est vraiment complet, et s'il est pris comme nous venons de l'indiquer, son assimilation sera totale, même pour ceux qui d'habitude ne digèrent pas le lait.

S'il vous arrive d'avoir faim pendant la journée, renouvelez ce repas.

Si vous parvenez à le suivre deux ou trois fois par semaine (pendant les trois repas de la journée), ce repas représentera également un excellent traitement pour l'ulcère et toutes les maladies de l'estomac.

Une dernière observation: il y a des personnes "obèses" jouissant d'une excellente santé et d'une humeur tout aussi bonne qui, une fois qu'elles commencent un régime amaigrissant, manifestent des changements de caractère: elles deviennent sombres et ombrageuses. Il est évident que ces personnes n'avaient aucun besoin d'un "régime amaigrissant" et que leur désir de maigrir n'est justifié que par une exigence esthétique dont le prix à payer (en vaut-il la peine?) sont les conséquences négatives de leurs tentatives de perdre du poids.

Maigreur et manque d'appétit

Le problème de la maigreur est, sous divers aspects, analogue à celui de l'obésité: il y a des individus maigres sous-alimentés (et manquant d'appétit), comme il existe des individus obèses boulimiques; il y a des personnes maigres et saines (mangeant normalement) et des individus maigres et malades. Le problème consiste, comme d'habitude, à repérer les causes et à régler surtout l'alimentation, en tenant compte du fait que des personnes qui se portaient très bien alors qu'elles étaient maigres pourront, une fois grossies, se plaindre de toutes sortes de troubles. La morale est la même que celle qui a été tirée pour l'amaigrissement de l'obèse en bonne santé.

Par contre, si une personne commence à maigrir soudainement, ou graduellement (mais sans motif apparent), il sera indispensable qu'elle se soumette à un contrôle médical, même si elle ne ressent aucun malaise concomitant. Si la perte de poids ne dépend pas d'une maladie (rappelons les névroses, les épuisements, les hyperthyroïdies, les anémies, les tumeurs, les régimes draconiens et l'anorexie mentale dont nous avons déjà parlé), on pourra favoriser l'assimilation des aliments au moyen de quelques remèdes homéopathiques comme:

● NATRUM MURIATICUM 9 CH (faim et soif insatiables);

comme vous l'avez probablement constaté, c'est un remède cité plusieurs fois dans cet ouvrage, utile lorsque l'adulte, mais surtout le jeune, mange beaucoup (mais ne grossit pas) et a une soif insatiable (dans ce cas, la présence éventuelle de diabète est à vérifier). NATRIUM MURIATICUM est aussi recommandé si la maigreur présente la caractéristique d'être presque exclusivement limitée à la partie supérieure du corps, tandis que dans la partie inférieure, l'individu a tendance à prendre du poids. Si l'on observe le contraire (jambes maigres et gros ventre), le remède à utiliser est:

● ABROTANUM 9 CH DOSE (pour celui qui a la partie inférieure du corps maigre).

Tous deux seront à prendre tous les huit jours (une dose entière le soir). Une fois tous les quinze jours, on pourra les alterner avec une dose de:

● IODIUM 9 CH DOSE (pour celui qui ne grossit pas)

qui est le remède idéal pour les personnes qui dévorent mais sans grossir. Il s'agit généralement de sujets maigres, inquiets, agités et toujours occupés, qui ont toujours faim et trop chaud (hyperthyroïdie). Le même remède offrira de bons résultats aux femmes qui voudraient augmenter le volume de leur poitrine. Quant aux maigreurs dites "constitutionnelles", aucun régime ne leur est généralement utile une fois qu'il a été contrôlé, par diverses analyses et examens, que l'apport en vitamines, protéines et substances essentielles est suffisant. Toutefois, un régime enrichi avec des vitamines, des substances contenant du calcium, des germes de blé, de la levure de bière, et privé de tout aliment acide sera très avantageux.

Remarquons pour terminer que certains parasites intestinaux (comme le "ténia" ou "vers solitaire") peuvent provoquer des maigreurs inexplicables autrement, tout comme une diarrhée continuelle et tous les défauts d'assimilation dus à de graves maladies de l'intestin.

TUMEURS

Nous avons déjà parlé des limites de l'homéopathie par rapport à d'autres méthodes de traitement, comme la médecine "officielle", et vis-à-vis de certaines conditions pathologiques que l'état actuel de nos connaissances ne peut encore que définir comme "incurables". Parmi ces dernières, les manifestations tumorales et cancéreuses se situent à la première place par leur nombre et leur importance. Il est de notre devoir d'en parler ici pour fournir le point de vue de la médecine homéopathique sur la question et pour illustrer l'argument préventif dans l'esprit homéopathique qui, comme nous le verrons, comporte aussi quelques possibilités curatives.

Pour comprendre la raison des énormes difficultés que l'on a rencontrées, et que l'on rencontrera encore, dans la thérapie des tumeurs, il est utile de fournir une explication élémentaire sur l'origine et la nature de la tumeur.

Tumeur signifie littéralement "grosseur", "tuméfaction", termes qui ne donnent certainement pas l'idée de la nature de cette nouvelle formation, mais en évoquent plutôt, de manière vague, la forme et le développement (même si la tumeur n'a pas une forme précise puisqu'il s'agit d'une masse en développement). Le terme "cancer" est utilisé pour la forme de tumeur à évolution particulièrement maligne, plus dangereuse donc pour la vie de l'individu puisqu'elle a la capacité de se développer et de se répandre dans des régions du corps différentes et éloignées de celle où siège la tumeur originale et primitive; on dit alors que la tumeur se reproduit par "métastases".

Comment se développe une tumeur? La réponse la plus simple que l'on puisse donner est la suivante: pour une raison encore inconnue, une ou plusieurs cellules composant notre corps "s'affolent" et, sans plus respecter leur loi précise, qui veut des multiplications cellulaires lentes et constantes, commencent à se reproduire à grande vitesse et de manière tout à fait désordonnée, formant, justement, cette masse que nous appelons "tumeur". Sa croissance peut être plus ou moins rapide, plus ou moins désordonnée: il n'existe aucune règle.

Où se développe une tumeur? Il n'y a pas de règle à ce sujet non plus: une tumeur peut se développer dans n'importe quelle partie de l'organisme. Il existe cependant des organes ou des régions du corps plus atteintes que d'autres: les poumons, l'appareil gastro-intestinal, le sang, et cela est souvent à mettre en relation avec certaines habitudes de vie ou certains facteurs prédisposants ou "irritants" (tabac, boissons alcoolisées, certains aliments et substances pharmacologiques, etc.).

Pourquoi une tumeur se développe-t-elle? A l'exclusion de certaines causes découvertes grâce à l'étude sur des animaux de laboratoire et sur des personnes atteintes de types particuliers de tumeurs, on ne peut donner de réponse à cette question. Celui qui la trouvera aura vraisemblablement trouvé la clef pour ouvrir la porte du mystère "cancer".

De ces connaissances incomplètes, on peut toutefois tirer les conclusions que nous recherchions: les tumeurs, du moins celles qui sont malignes, ne sont pas guérissables. Mais il est par contre possible de soigner (et souvent avec des résultats s'approchant fort de la guérison, surtout si le traitement a été commencé très précocément) certains types de tumeurs ne se reproduisant pas par "métastases". Dans ces derniers cas, il y a aussi parfois des rémissions spontanées. De toute façon, la prévention est de la plus grande importance.

Que peut faire la "médecine des semblables" en cas de tumeur? Pour trouver une explication à la tumeur en fonction des "semblables" et des lois naturelles, l'homéopathie s'est orientée vers les principes de la psychosomatique et vers quelques substances naturelles, "homéopathiques" à la tumeur, à utiliser en tant que remèdes curatifs et préventifs.

Bien qu'avec des localisations et des fréquences probablement différentes, la tumeur a toujours existé: plusieurs de nos aïeux sont morts du cancer sans le savoir et sans que le médecin même en ait connu l'existence. Suite au développement des méthodes diagnostiques et à l'introduction d'analyses et d'enquêtes toujours plus sophistiquées, la présence de cette maladie a été diagnostiquée avec plus de précision et beaucoup plus souvent. C'est de là, sans oublier la forte augmentation de la population, que dérive la constatation du nombre toujours plus élevé de personnes atteintes de cancer.

Alors, il est probable que le cancer soit une maladie qui, d'un certain point de vue, n'est pas tellement dissemblable de certaines autres affections plus communes, présentant un aspect "physique", pour ainsi dire évident, visible dans ses signes et ses manifestations, et un autre aspect plus profond et moins évident, du type "psychique", ou si vous préférez, "inconscient". Dans sa vision de l'"homme total", l'homéopathie considère ces deux possibilités de manifestation de la tumeur comme soutenables et les traite dans leur ensemble. Privilégier un aspect plutôt qu'un autre correspondrait à avoir une vision partielle et incomplète non seulement de la tumeur, mais aussi de tout l'organisme malade.

A l'appui de l'hypothèse psychosomatique dont nous avons parlé, on peut remarquer les nombreux cas de régression spontanée de la tumeur, et les cas, tout aussi nombreux, où l'on observe qu'une tumeur se déclare après un grave stress, comme une perte douloureuse, une grosse frustration, une dépression, ou une mélancolie inguérissable. Pour certains, même la peur excessive d'être atteints du cancer (une véritable phobie) pourrait être la cause de l'origine d'une tumeur.

Mais ne nous étendons pas plus sur ce sujet et venons-en plutôt au point qui nous tient le plus à cœur: la prévention et la possibilité de traitement par la médecine homéopathique. Il nous faudra faire une distinction entre la période où l'on soupçonne une tumeur, et celle où elle apparaît ou a déjà été diagnostiquée.

Prévention

Pour les tumeurs aussi, la prévention se basera sur deux facteurs: contrôle de certaines habitudes (milieu, contrôles médicaux, alimentation), usage de certains remèdes particuliers, en mesure de modifier ou de sauvegarder un terrain organique potentiellement destiné à accueillir une tumeur.

Pour les habitudes de vie, une première observation doit être faite sur le milieu: celui où l'on vit, celui où l'on travaille. Il a été relevé qu'une incidence particulièrement élevée de tumeurs s'observe dans les agglomérations urbaines industrielles et là où la pollution est la plus forte. Celui qui, non seulement vit dans une grande métropole polluée, mais a un travail pouvant le mettre en contact avec des substances nocives (fumées, smog, substances volatiles irritantes, etc.) courra donc un risque encore plus grand. Il semblerait donc évident (mais hélas pas si simple à réaliser) que si l'on vivait dans une atmosphère propre, on aurait beaucoup moins de probabilités d'être atteint du cancer; malheureusement, même les personnes qui vivent à la campagne sont frappées par cette maladie.

Une autre bonne règle à suivre consiste à éviter les excès alimentaires, les aliments cuits à la braise ou trop chauds, et les régimes comprenant principalement de la viande. Nous avons dit "excès": cela signifie qu'une fois de temps en temps, on pourra quand même consommer un plat "interdit"... Il faudra être bien plus ferme sur le tabac sous toutes ses formes et plus particulièrement sur la cigarette qui est à éviter.

Quant au danger de certaines substances ("cancérigènes") chimiques et pharmacologiques, la liste pourrait être très longue et s'allonger tous les jours un peu plus, à commencer par les colorants alimentaires et certains édulcorants synthétiques. Mais on ne peut pas vivre "sous cloche" et il nous faut bien faire contre mauvaise fortune bon cœur, en nous fiant aux nombreuses défenses et capacités d'adaptation de notre organisme vis-à-vis de telles agressions.

Les remèdes homéopathiques qui peuvent être utiles dans cette lutte préventive sont les remèdes dits "de fond", qui agiront profondément sur le terrain et que seul votre médecin homéopathe pourra vous indiquer. Selon la localisation la plus probable, on peut y ajouter:

● Condurango 9 CH Dose (tumeurs abdominales),

● Abrotanum 9 CH Dose (tumeurs abdominales),

une dose tous les mois en alternant les deux remèdes lorsque l'on craint pour les organes abdominaux (surtout estomac et intestin).

Pour prévenir les tumeurs de la prostate et de l'utérus:

● Conium 9 CH Dose (prostate, utérus),

● Thuya 9 CH Dose (prostate, utérus),

selon les mêmes modalités que celles qui ont été indiquées ci-dessus. Remarquons qu'il existe aujourd'hui la possibilité d'un dépistage très précoce de la *tumeur à l'utérus* grâce à des visites gynécologiques périodiques et à un examen tout à fait indolore, le frottis qui, après un certain âge, devra être réalisé au moins tous les six mois.

Un autre remède préventif pour toute localisation, mais présentant une affinité particulière pour les *seins* est:

● HYDRASTIS 9 CH DOSE (seins et états pré-cancéreux).

Dans les tumeurs du sein, on alternera HYDRASTIS avec un autre remède qui, comme nous avons déjà eu l'occasion de l'observer (voir "Organes génitaux de la femme") a une affinité particulière pour les seins: CONIUM 9 CH. On sait combien les tumeurs aux seins sont aujourd'hui fréquentes; toutefois, un dépistage toujours plus précoce et une éducation corporelle très bien diffusée ont conduit à une campagne de prévention qui a très certainement sauvé plusieurs vies humaines. Rappelez-vous qu'aujourd'hui, on s'oriente toujours plus vers une intervention non plus mutilante et destructive, désormais dépassée, mais vers celle qui sauvegarde le plus de tissu sain possible tout en extirpant, naturellement, la totalité du tissu malade.

Il faut aussi rappeler que chez certains sujets, un traitement hormonal excessif ou à base de produits utilisés à tort et à travers (par exemple la pilule contraceptive) peut prédisposer à une tumeur au sein, de même que certains massages "raffermissants" effectués sans trop de soins.

Il faut encore ajouter une remarque à propos des *tumeurs de la peau:* aujourd'hui, pour avoir un aspect soi-disant sain et sportif, on en est arrivé à abuser de l'exposition aux rayons du soleil, en soumettant la peau à de petites irritations continuelles (quand ce ne sont pas de véritables brûlures) qui causent des traumatismes prédisposant à la formation de néoplasies de la peau. Sachez que toute petite tache apparaissant sur la peau peut être considérée comme une nouvelle formation et on doit donc la soupçonner de pouvoir être le début d'une future tumeur; nous ne vous disons pas cela pour vous alarmer, mais pour expliquer combien il peut être dangereux d'abuser des rayons du soleil que beaucoup s'obstinent à considérer comme inoffensifs.

En plus des rayons solaires, divers types de radiations sont également responsables de l'apparition de tumeurs de la peau, comme les rayons X, les substances toxiques, les irritants chimiques, les petites blessures causées par les vêtements ou autres objets sur des grains de beauté et verrues. Habituez-vous donc à vous protéger la peau et profitez du "parapluie" que vous offre l'homéopathie pour vous mettre à l'abri de quelques risques:

● RADIUM BROMATUM 9 CH DOSE (tumeurs dues à des radiations),

● CYNNABARIS 9 CH DOSE (tumeurs dues à des radiations),

alternez les deux remèdes tous les quinze jours. Une fois par mois, prenez aussi THUYA 9 CH.

Les principes et les remèdes préventifs que nous venons de voir concernent certains types de tumeurs dont on connaît les causes prédisposantes ou de déclenchement avec plus ou moins de précision et qui pourront donc, en principe, être évitées.

Cela pourra certainement empêcher l'apparition d'un grand nombre de nouvelles formations, mais ne suffira pas à arrêter le développement des tumeurs naissant pour des causes profondes et difficiles à établir.

Cure et traitement palliatif

Un célèbre médecin et philosophe japonais a dit: "Le meilleur moyen pour survivre aux pires adversités de la vie est le sourire... Souriez toujours, à tous ceux que vous rencontrez, même s'ils vous ont dit que votre vie est menacée par le cancer... Le désespoir ne sert ni à vivre ni à guérir, mais uniquement à transmettre angoisse et désespoir aux personnes qui sont disposées à vous aider. Personne, jusqu'au tout dernier moment de votre vie, ne pourra vous dire quand vous mourrez... Partagez avec les autres la sérénité de cette certitude avec un sourire!" Il ne s'agit pas là uniquement de belles paroles, mais d'une réalité que chacun de nous devrait pouvoir mettre en pratique pour lui-même et pour celui qui est atteint de cancer: mettre et se mettre en condition de pouvoir sourire malgré une situation difficile et souvent douloureuse comme l'est celle qui est causée par la maladie.

L'espoir ne doit jamais être perdu (c'est un principe à ne pas violer) même si l'on a eu un diagnostic de tumeur maligne et incurable: il existe des cas de rémissions très longues du mal, ou même de guérisons intervenues malgré un pronostic extrêmement sévère, qui sont en partie dues à un traitement adéquat, mais aussi à des facteurs parfois inexplicables.

Au moment du diagnostic d'un cancer, l'homépathie et l'allopathie sont-elles d'accord sur la ligne de conduite à suivre devant des questions comme: "Ablation? Traitement chimiothérapique? Rayons? Ou tous ces systèmes ensemble?" La réponse dépendra beaucoup de la localisation et du stade de développement de la tumeur: plusieurs personnes opérées d'une tumeur à sa phase initiale peuvent se considérer comme guéries (tumeurs au sein, à l'utérus et dans quelques localisations à l'estomac et à l'intestin). Le succès sera plus problématique pour les tumeurs aux poumons, aux os, au système nerveux central (cerveau) et pour quelques tumeurs du sang (leucémies). Mais, comme nous l'avons déjà dit, chaque tumeur est imprévisible quant à sa capacité de développement et surtout de reproduction, même à distance de l'organe d'origine.

L'important est de ne pas se précipiter dans le gouffre créé par la terreur du cancer, afin de garder au moins une certaine "santé mentale" que l'homéopathie juge comme une force génératrice et vitale pour tout succès thérapeutique.

La volonté de guérir, le désir sincère d'extirper le mal, la confiance totale en soi et dans le personnel médical seront des armes toujours plus efficaces qui, même si elles ne sauront apporter une guérison complète, serviront en tout cas à donner sérénité et sens à la vie du malade. A ce point, toute chose, pourvu qu'elle soit réalisée avec conscience et juste mesure, sera bien faite.

Quant à l'usage des cytolytiques (substances détruisant les cellules) et des cytostatiques (substances qui inhibent les divisions cellulaires), il ne pourra être décidé que par des experts et spécialistes que l'on suppose être dotés d'un grand sens de responsabilité et d'humanité. La chimiothérapie peut en effet provoquer dans certains cas des symptômes secondaires tellement graves et insupportables qu'ils deviennent plus importants que ceux qui ont été causés par la maladie primitive.

Le même argument est aussi valable pour les rayons (rayons X ou rayons radio-actifs: radium, cobalt radio-actif, thorium, etc.).

A ce point, les "petits remèdes" homéopathiques peuvent-ils encore avoir une utilité? On ne peut que répondre affirmativement, surtout lorsque l'on cherche à réduire au maximum les symptômes désagréables et douloureux du malade sans introduire dans son organisme des substances qui pourraient encore augmenter sa détresse.

Nous avons déjà indiqué quelques remèdes: ce sont ceux qui sont préventifs, qui pourront naturellement aussi être utilisés dans la phase "curative"; de plus, il existe une acquisition relativement récente de la médecine naturiste et homéopathique, qui concerne une préparation de gui, le:

● Viscum Album

dont l'usage doit être prescrit par le médecin, non que le produit soit dangereux ou produise des effets indésirés, mais parce qu'il doit être administré selon des modalités très précises.

Ce qui a poussé l'homéopathie à considérer cette plante comme "homéopathique" à la tumeur dépend des affinités qu'elle présente avec la croissance et le développement de la néoplasie. Il est en effet facile d'observer comment le gui pousse sur une autre plante de manière désordonnée, sans direction précise, même pendant la nuit (alors que toutes les autres plantes ont besoin de lumière) et indépendamment des saisons. L'usage ho-

méopathique de VISCUM a ranimé beaucoup d'espoirs de guérison, surtout dans les cas de tumeurs au premier stade de leur
développement, et a permis à un grand nombre de malades déjà
envahis par les "métastases" de vivre sereinement, avec un contrôle plus aisé de la douleur, les derniers jours de leur vie. C'est
donc le remède homéopathique de choix dans le traitement
"palliatif" du cancer à son dernier stade, lorsque les rayons, médicaments chimiothérapiques, ou interventions chirurgicales ne
représentent plus qu'une souffrance inutile et supplémentaire à
celles qui sont déjà endurées par la personne malade.

Lorsque la tumeur ne peut plus être arrêtée, l'interruption des
thérapies traumatisantes n'est pas seulement un conseil "homéopathique", mais aussi un appel à ceux qui, aveuglément at-
tirés par le pouvoir apparent des médecins, ne parviennent plus
à voir le véritable but du traitement, c'est-à-dire la sauvegarde
de la qualité de vie du malade. Dans ces cas désormais incurables, l'attention devra être déplacée du pôle "guérison" au pôle
"soin" dans le véritable sens du terme, c'est-à-dire "prendre
soin", "assister" le malade, en éliminant tout ce qui peut lui
causer de la souffrance et en arrivant à satisfaire toutes ses exigences.

L'idéal serait que sans angoisse ni traumatisme le malade puisse connaître la vérité sur sa situation pour pouvoir choisir, en
accord avec les médecins, son traitement: "Chirurgie? Traitement chimiothérapique? Rayons? Homéopathie? Tous ces systèmes ensemble? Ou aucun?..."

CONCLUSION

Blumenbach, célèbre physiologiste de la fin du XVIIIe siècle, affirmait que le seul but de la médecine était la mort sans maladie, l'"euthanasie sénile", entendant par "euthanasie" une "bonne mort" naturelle. Qui d'entre nous ne désire pas vieillir tranquillement et vivre ses dernières années avec l'esprit lucide, uniquement troublé de temps à autre par la torpeur naturelle de l'âge pour trouver à la fin le chemin du long repos qui réunit toutes les créatures de la terre?

Le désir de survivre à sa propre mort et l'espoir de retrouver une santé éternelle et une jeunesse tout aussi longue sont des rêves inhérents à l'humanité. Dans le fond, c'est là ce que l'homme a toujours demandé à la médecine, aussi bien lorsqu'il exerçait son pouvoir de manière thaumaturgique, en utilisant potions et élixirs fantaisistes, que depuis que le progrès de la science et de la technique a fourni à la médecine des instruments plus perfectionnés et plus sûrs.

La réponse ne sera pourtant jamais satisfaisante: c'est dans le dessein de la nature, et la médecine ne trouvera sa place que dans le binôme santé/maladie, en rendant actuelle l'affirmation de Blumenbach.

C'est dans ce sens, en tant que médecine de l'"homme total", médecine préventive et médecine des niveaux les plus profonds de l'organisme que l'homéopathie occupera constamment une place de choix parmi les méthodes de cure. L'usage de

substances provenant du règne de la nature, la capacité de guérir en profondeur, l'action tant sur le psychisme que sur le physique, l'absence de toxicité de ses remèdes, sont des caractéristiques qui en font une médecine aux traitements très proches de
l'idéal vers lequel tendent toutes les thérapeutiques les plus modernes. Nous souhaitons avoir, par ce modeste ouvrage, contribué à l'acceptation de la méthode hahnemannienne et à sa diffusion dans les milieux moins "spécialisés".
Nous espérons avoir incité nos collègues les plus sceptiques et
les plus réticents à compléter leur savoir par quelques notions
d'homéopathie.

MALADIES ET TROUBLES QUE L'ON PEUT SOIGNER AVEC L'HOMEOPATHIE

TABLE DES MATIERES

*Achevé d'imprimer
en mars 1992
à Milan, Italie, sur les presses de
Lito 3 Arti Grafiche s.r.l.*

*Dépôt légal: mars 1992
Numéro d'éditeur: 2897*